HISTOIRE ANECDOTIQUE

DE

L'ARMÉE DU RHIN

HISTOIRE ANECDOTIQUE

DE

L'ARMÉE DU RHIN

PAR

UN OFFICIER DE CAVALERIE

—⳿⳿⳿—

BORNY, GRAVELOTTE, GRIMONT,
SERVIGNY, MERCY,
LES MAXES, PELTRE, LADONCHAMP, SAINT-PRIVAT,
SAINTE-BARBE

MOULINS

IMPRIMERIE DE C. DESROSIERS

1872

HISTOIRE ANECDOTIQUE

DE

L'ARMÉE DU RHIN

———

Vers le milieu d'octobre 1870, alors que déjà tous les moments d'existence de cette malheureuse armée qui entourait Metz semblaient comptés, je fus chargé par le Général D... d'aller reconnaître un petit village situé en avant de nos avant-postes, sur la rive gauche de la Moselle.

On avait prétendu à l'Etat-major que ce hameau devait renfermer encore quelques vivres. J'étais parti joyeux, car c'était chose rare alors que la pers-

pective d'un repas quelque mauvais
qu'il pût être.

Malheureusement après avoir perdu
deux heures à fouiller le village et ses
environs, aussi loin que les balles des
Prussiens nous le permettaient, je re-
venais tristement, lorsqu'en remontant
la côte qui conduit au fort de Plappeville, j'entendis prononcer mon nom
par une voix faible et haletante.

Sur le bord du fossé, la main appuyée
sur sa poitrine, je reconnus un de mes
amis d'enfance, que je ne savais pas à
l'armée du Rhin : c'était une de ces liai-
sons commencées au collége, et dont la
camaraderie de régiment finit par faire
une réelle et solide amitié.

Je courus à lui pour l'embrasser.
« Prends garde me dit-il tu vas me faire
mal. » Je m'aperçus alors qu'il tenait
tamponné sur sa poitrine un mouchoir
sanglant.

« Oui, continua-t-il, comme un mala-
» droit je viens de me faire toucher.
» Donne-moi le bras et mène-moi à la

» première ambulance venue : Je ne
» souffre pas beaucoup, mais il me
» semble que j'étouffe. »

Pendant le trajet, je lui demandai des
nouvelles de sa mère. Une vieille femme
charmante, pleine d'esprit et de grâce,
un de ces êtres que Dieu semble avoir
jeté sur la terre, comme un modèle de
toutes les vertus, mais aussi comme un
exemple de tous les malheurs.

Après avoir perdu dans la même an-
née son mari, son fils aîné et toute sa
fortune, il lui avait fallu se résigner à
éloigner d'elle le seul enfant qui lui
restât.

Georges avait dix-sept ans lorsque cet
immense malheur frappa sa famille :
La situation précaire de sa mère ne lui
permettait plus de continuer ses études;
il s'engagea et vint me retrouver en
Algérie.

Dans nos longues soirées du bivouac,
notre conversation roulait toujours sur
cette pauvre femme restée en France :
Le seul rêve de Georges, était de deve-

nir officier pour pouvoir vivre avec elle.

En effet lorsque cinq ans après cette épaulette tant désirée nous arriva, il demanda immédiatement à passer dans la garde, dont il faisait encore partie lorsque je le rencontrai blessé sur la route de Plapeville.

« Ma mère, me dit-il, c'est mon plus » grand chagrin. Je l'ai laissée à Paris ; » je luis écris tous les jours depuis que » nous sommes cernés. Puisque je t'ai » revu, s'il m'arrivait malheur, tu lui » porterais mes lettres.

» Allons donc, lui dis-je, si ta blessure » était grave, tu ne marcherais pas » ainsi ! »

Nous arrivions à l'ambulance, je le fis asseoir sur le pied du lit d'un blessé, et je courus chercher un médecin. Deux minutes après je revins, je le trouvai renversé sur le lit, horriblement pâle ; je le crus évanoui. — Il était mort.

L'aspect perpétuel de la souffrance et de la mort ne contribue pas à rendre le cœur bien tendre ; jamais pourtant, je n'éprouvai, je crois, d'émotion plus poignante. Je lui serrai une dernière fois la main, puis je pris sur sa poitrine ces lettres, journal quotidien d'amour filial, qui n'avait pu le préserver.

Quelques jours plus tard, Metz capitulait et nous étions emmenés prisonniers en Allemagne.

Arrivé à Cologne, où j'allais être interné pour cinq longs mois, j'écrivis bien souvent à la mère de Georges, sans jamais recevoir de réponse. Puis je rentrai en France. Ma première visite à Paris fut pour cette pauvre femme à qui je venais apporter une horrible douleur. Dieu n'avait pas voulu lui infliger cette dernière épreuve. Elle était morte pendant le siége. J'ai réuni toutes les lettres de son fils. Elles m'ont paru, contenir des détails et des appréciations parfaitement justes.

On a beaucoup écrit sur cette lugubre tragédie, commencée à Wissembourg et dénouée à Paris.

Toutes ces brochures, dont quelques
unes sont aussi exactes que possible,
ont été dictées, cependant, soit par la
douleur profonde que la capitulation avait
apportée à tous, soit par l'intérêt per-
sonnel.

Les lettres suivantes écrites au hasard, jour par jour, la plupart du temps
au crayon, tantôt sous la tente, tantôt à
cheval, n'étant destinées à être lues jamais, que par une vieille femme, qui
n'avait d'intérêt et d'amour dans la vie
que son enfant, m'ont semblé le récit le
plus fidèle de ce triste épisode de la
dernière guerre qui s'est terminé par la
capitulation de Metz.

Je n'y ai rien changé. Elles n'ont aucune prétention littéraire ; mais je les
crois vraies, car j'y ai trouvé presque
toutes les impressions éprouvées par
mes camarades et moi, pendant cette
désastreuse campagne.

Telles qu'elles sont les voici :

Nancy. Camp de Malzéville, 20 juillet.

Chère Mère

Enfin ! nous voilà sortis de cet horrible chemin de fer. Vive le grand air ! Je suis harassé sans avoir rien fait.

Ma pauvre chérie, je n'ai pas osé penser à toi pendant ce trajet de trente heures, j'avais toujours devant les yeux, ton bon visage rempli de larmes, tu m'as promis d'avoir du courage ; j'y compte. Que veux-tu ! rappelle-toi notre vieille chanson :

« Puisque je suis militaire
Faut que je fasse mon état. »

D'ailleurs je crois fermement ce que je t'ai dit. — Nous avons un vigoureux coup de collier à donner, puis ce sera fini, et je te reviendrai avec un beau ruban rouge. — Avec les engins de destruction que nous possédons, il est impossible que la guerre dure longtemps.

Nous partirons demain probablement. — Comme on disait sous le premier Empire, il y a de *la poudre dans l'air* et, à vrai dire, il me semble que nous allons bien lentement. —

21 juillet.

Je t'ai quittée hier, chérie, pour aller dormir, et je ne t'ai pas envoyé ma lettre, parce que les enveloppes *faisaient relâche*. Je voudrais te raconter notre voyage depuis Pantin, mais ce serait bien long, et je tiens à ce que ma lettre parte ce soir ; demain probablement nous serons en route.

Ovations, médailles, champagne, bénédictions, voilà le menu de notre itinéraire. Que sera-ce donc quand « nous reviendrons vainqueurs ! » — Je constate une chose par exemple, c'est que nos soldats ne pensent qu'à leurs bidons. Quant aux chevaux, ils s'en préoccupent peu ou point ; les malheureuses bêtes tiraient la langue par les ouvertures de leurs wagons. — En allant voir si ma petite jument avait bu, j'ai été pris de commisération pour les autres, et, de pitié en pitié, j'ai fini par donner à boire à tous les chevaux de l'escadron.

J'ai été voir Nancy hier. Belle ville, mais un peu trop ruche à militaires pour le moment. — J'ai acheté tout ce qui me manquait. Je ne veux pas d'argent, tu entends ? — Adieu, mère, je t'aime ; je t'écrirai de Metz seulement !

Bivouac de Courcelles, 9 août.

Je t'ai envoyé trois lettres depuis notre départ de Nancy, chère mère. Les as-tu reçues ? j'ai peine à le croire : car postes, administration, vivres, tout semble être dans un désordre incomparable. Nous venons de perdre inutilement 15 jours à Pont-à-Mousson et à Metz, et cependant il serait temps d'aller de l'avant, car s'il faut en croire les bruits qui courent, les Prussiens marchent beaucoup et vivement.

Tu ne peux te figurer dans quel état de misère et de saleté nous sommes. — Voilà six jours ou plutôt six nuits que nous courons sous une pluie torrentielle, couchant dans la boue (car tentes et bagages sont encore à Metz), n'ayant rien à manger, et voyant à chaque minute les chariots éventrés versant dans les ruisseaux ou les fossés bourbeux, café, pain, sucre, avoine, etc.

A qui faut-il imputer ce désordre ? Au commandement ou plutôt à cette engeance malfaisante et inepte qui a nom l'intendance ? Cette dernière hypothèse est la plus vraisemblable.

Notre départ de Nancy s'est fait bien tristement ? — Douze dragons se sont noyés le soir en rentrant au camp. On les a jetés en terre, puis nous sommes partis. Ce sont les premiers que nous laissons derrière nous. Combien d'autres allons-nous semer ainsi sur notre route ? — Enfin, pourvu que nous réussissions !

Où sommes nous ? je n'en sais rien

et beaucoup sont comme moi. — Nous
marchons à droite, nous marchons à
gauche, nous allons en avant, nous re-
venons en arrière ; constamment à cheval et n'avançant pas ! Et toujours sous
les yeux ce désordre effrayant des con-
vois ; toujours l'aspect de ces hommes,
de ces femmes, de ces enfants enlevant
à la hâte leurs pauvres hardes et fuyant
vers Metz, osant à peine jeter un regard
sur ces maisons qu'ils ne reverront
plus. Triste chose que la guerre ! et nous
n'avons pas encore tiré un coup de
fusil !

Je suis brisé de fatigue !

. . . .

Mauvaises nouvelles ! Un courrier
vient d'arriver. Mac-Mahon a été attaqué hier aux lignes de Wissembourg.
Il a tenu avec 30,000 hommes pendant
sept heures contre 90,000 Bavarois et
Wurtembergeois ; mais hélas ! il a été
écrasé et se replie, dit-on, sur Saverne.
L'Alsace est ouverte. Que va-t-il arriver,
mon Dieu ! Où donc sont nos troupes ?

Nous avons à peine 100,000 hommes ici. On dit que Trochu est embarqué avec 30,000 autres, pour faire diversion par la Baltique ; mais comment Mac-Mahon avait-il si peu de monde ?

Pour nous, malgré tout ce que l'on dit, il n'y a pas à se le dissimuler, nous sommes en retraite sur Metz et nous n'avons pas vu l'ennemi ! Le pays est dévasté et ce pays c'est la France ! Nous sommes à faire peur ! Tout cela n'est rien, et je fais bon marché de ma vie, mais, je voudrais que nos souffrances servissent à quelque chose. — Nos hommes sont admirables de discipline et d'énergie ; avec des troupes comme celles-là, on devrait soulever le monde, et nous croupissons dans la crotte !

Où est l'Empereur ?... « Il est sorti, » disent mes cavaliers !

. . . .

Enfin nous les avons vus ces fameux uhlans. — Eh bien vrai, mère ce n'est pas beau. — Des chevaux affreux mal harnachés, des barbes immenses sous des czapskis microscopiques ; des lances avec des flammes blanches et noires ! Ils viennent sur nos derrières comme tu vas le voir, avec beaucoup d'audace.

Je suis détaché depuis huit jours aux batteries de mitrailleuses ; j'étais de service hier et j'avais été chargé d'aller à la recherche d'une batterie qui n'avait pu rallier le corps d'armée.

« Allez tout droit devant vous m'avait-on dit pour tout renseignement ; elle doit avoir longé le cours de la Nied. »

Et me voilà parti avec mon peloton, fumant tranquillement ma cigarette, pensant beaucoup à toi, et pas du tout aux Prussiens. Tout à coup mon trompette qui marchait à côté de moi, me dit :

« Regardez donc, mon lieutenant, il y a un incendie là-bas ! »

Effectivement on distinguait au loin une lueur rougeâtre surmontée d'une colonne épaisse de fumée, et de temps à autre quelques cris désespérés arrivaient à nos oreilles. Deux cavaliers que j'avais détachés en avant se replient sur moi.

« L'ennemi est là-bas et en nombre, me disent-ils ! tout le village d'Arnay est en feu, et les habitants courent éperdus dans la campagne ! Une femme qui tenait son enfant s'est noyée avec lui en cherchant à traverser la Nied. »

N'ayant pas d'autre renseignement sur la force d'un ennemi, dont personne au camp ne soupçonnait la présence, j'envoyai immédiatement un de mes hommes en arrière, pour prévenir l'état-major, et je poursuivis ma route après avoir fait apprêter les armes.

Un quart d'heure plus tard, j'arrivais à la rivière — la nuit était venue : — je cherchai un gué que nous avions reconnu la veille, et je me trouvai en face d'une de ces belles horreurs, que l'inondation ou l'incendie peuvent seules enfanter. — Sur une étendue d'un kilomètre, granges, maisons, meules, tout flambait ! — Quelques paysans affolés par la terreur couraient çà et là ;

quelques-uns sanglants, ou noircis par la fumée, tous criant : « Nous sommes perdus, nous sommes perdus ! » L'un d'eux accourt à moi et saisit mon cheval par la bride : — « Monsieur, me dit-« il, par pitié, donnez-moi un fusil ! « ces gueux-là viennent de sang-froid, « de rejeter dans notre maison en « flammes mon vieux père et ma femme « qui cherchaient à se sauver ! Une « arme pour l'amour de Dieu, une arme « que je me venge ! »

Mes hommes frémissaient derrière moi. « En avant, criai-je, » et nous voilà partis au galop. — Deux minutes après j'entends un cri : — « Ver da » (qui vive), une balle siffle à mes oreilles. Le bruit est suivi d'un cri de douleur; c'était un de mes cavaliers qui tombait. — Nous continuons notre course, et nous arrivons à une croix de village, en pierre, à laquelle nous trouvons attachés une dizaine de chevaux, que gardaient deux uhlans.

C'étaient les vedettes d'une troupe

de cavalerie, qui incendiait et pillait un village français, à deux lieues à peine d'une armée de 80,000 hommes, dormant confiante dans ses bivouacs, ne songeant même pas à l'ennemi !

C'est cela qu'on appelle se garder chez nous !

. . . .

Je fais couper immédiatement les longes des chevaux, et lançant devant moi une dizaine de tirailleurs, nous nous précipitons vers le village, ou plutôt vers ce qui en restait. L'alarme était donnée, mais les uhlans n'avaient pas encore eu le temps de monter à cheval, et croyant à l'arrivée d'une troupe nombreuse, couraient en désordre malgré les cris de leurs officiers.

Mes hommes étaient ivres de fureur. Songer à les arrêter eût été inutile ; nous faisons feu une fois dans le tas, et nous nous mettons à sabrer à tort et à travers sur les chevaux, sur les hommes, faisant en résumé plus de bruit que de besogne.

C'était pourtant le bon moyen, parait-
il, puisque quelques minutes après tout
était dispersé. Ceux qui avaient pu sai-
sir leurs chevaux s'étaient sauvés à
toute bride, laissant une dizaine des
leurs sur le carreau.

Je regarde autour de moi, car pour te
dire la vérité, le rouge m'était monté
aux yeux, et jusque-là, j'avais pensé
beaucoup à faire le plus de mal possible, mais pas du tout à mes devoirs
de *grand chef*.

Un officier, dont la tenue brillante
contrastait avec les vestes sombres des
uhlans que nous venions de voir, cher-
chait à s'appuyer contre la muraille de
la seule maison que ses hommes eussent
laissée debout (c'était une auberge), et
se traînait à genoux, essayant d'en gagner la porte.

Je mis pied à terre, et je m'appro-
chai de lui. C'était un lieutenant de
houzards prussiens, un enfant de vingt
ans, venu là probablement en amateur.
Il s'arrêta, me regarda en me montrant

du doigt sa poitrine qu'un coup de feu
avait traversée, et me tendit son sabre.
Au moment où j'allais le prendre, et lui
tendre la main pour le relever, une secousse violente me jeta de côté ; un tri-
dent de fer passa devant mon visage, et
je vis le malheureux, les yeux affreuse-
ment dilatés par la souffrance, battre
convulsivement l'air de ses deux bras..
.... Le paysan qui quelques minutes auparavant m'avait demandé des
armes, venait d'un coup de fourche, de
le clouer contre la muraille.

. . . .

Nous voilà revenus à deux lieues de
Metz. Les nouvelles sont de plus en plus
mauvaises. Douai est tué. Après avoir
héroïquement combattu à Wissembourg,
à Forbach et à Wœrth, les troupes de
Mac-Mahon sont en pleine retraite sur
Châlons. Lorsque l'on a sur les talons
un ennemi trois fois supérieur, ces re-
traites-là ressemblent étonnamment à
une déroute !

. . . .

Les uhlans marchent vite et bien,
comme je te le disais l'autre jour. Chez
nous c'est le contraire. La cavalerie
semble spécialement destinée à encom-
brer les routes.

> Quand les poules s'en vont au champ
> La première marche devant.
> La seconde suit la première, etc.

Eh bien, nous aussi ! En revanche,
détacher des vedettes, fouiller le pays
par des reconnaissances ou des parti-
sans, va-t-en voir s'ils viennent ! Nos
généraux ont bien trop peur de nous
perdre de vue, ne fût-ce qu'une seconde.
Si cela continue, tu peux être tranquille !
je suis plus en sûreté ici que dans ton
salon.

Il est honteux, ma parole, de voir des
chefs qui ont servi en Crimée, en
Afrique ou au Mexique inutiliser et par
conséquent rendre gênante une troupe
de braves gens comme les nôtres !

Je t'ai raconté l'autre jour ma petite

aventure. Nous revenions très-fiers mes hommes et moi, ramenant deux prisonniers et quatre chevaux ennemis. C'étaient les premiers que l'on eût encore vus au camp. Grâce à notre brusque attaque, nous n'avions eu qu'un cavalier blessé et un cheval tué. Aussi je me rengorgeais m'attendant à recevoir des compliments. J'ai reçu..... huit jours d'arrêts pour avoir engagé ma troupe sans ordre, j'aurais mieux fait, parait-il de me laisser prendre. — Enfin !

Qu'allons-nous faire ? Le 7 nous devions courir à marches forcées pour rejoindre les débris du 4e corps ! Le 10 c'était changé, on ne partait plus. Nous voici le 12 et pas d'ordres. On ne voit jamais l'empereur. Le petit prince est à Metz et ne soulève pas, dit-on, beaucoup d'enthousiasme.

. . . .

13 août.

Nous sommes en ligne sous le canon de Metz. Les Prussiens sont en vue et font un mouvement offensif sur notre gauche pour nous couper la route de Verdun. Bazaine vient de prendre le commandement en chef. C'est un vilain monsieur mais un bon général. L'armée est superbe ! Si demain bonne réussite, dans trois jours à la frontière !

. . . .

BORNY

—

14 août.

Je suis sourd, ma mère chérie, je t'écris sur le dos de ma pauvre petite bête qui n'a pas été dessellée depuis trente heures.

Le canon tonne sans une seconde d'intervalle. Nous attendons depuis quatre heures la bride au bras et je trace au crayon ces deux lignes qui te porteront mon adieu, s'il m'arrivait malheur. Nous sommes attaqués d'une manière furieuse, mais nous tenons bien, il paraît, puisqu'aucune réserve n'a été engagée.

Nous sommes dans les vignes au-des-

sous du plateau de Borny. Le combat
est principalement soutenu par l'artillerie et à chaque instant les batteries
passent au grand galop. Les canons
Krupp de l'ennemi nous font beaucoup
de mal, mais notre artillerie est si mo-
bile et si bien servie, que le brutal français parle encore plus fort et plus
ferme !

Les mitrailleuses surtout sont bien
agréables. Nos artilleurs qui seront dé-
membrés ont une carrière toute trou-
vée : L'orgue de Barbarie.

Ceux qui reviennent de là-bas nous
disent que des rangs entiers de Prussiens dégringolent à chaque coup de
mitrailleuses. Tant mieux, car depuis
deux heures, les cacolets ramènent devant nous des blessés par centaines.
Presque tous sont touchés aux jambes,
mais bien touchés.

Un malheureux chasseur à pied du
20e porté à bon vinaigre par un musi-
cien de la ligne, vient de tomber devant
mon cheval et de *passer l'arme à gauche.*

Le malheureux avait les deux pieds
emportés ! Il nous arrive bien de temps
à autre quelques balles perdues. Nous
ne courons pas cependant grand risque,
mais cette canonnade incessante vous
brise les nerfs.

. . . .

Tout va bien, les Prussiens ont plié
sur l'aile gauche ; deux officiers d'état-
major viennent de passer au grand galop rayonnants et criant : *« A nous la
partie, vive Bazaine ! »*

. . . .

On sonne à cheval ! A notre tour, je
mets ces quelques lignes sur ma poitrine. Non pas adieu... au revoir, mère.

. . . .

15 août.

Me *revoilà* aussi intact qu'hier : la division n'a pas donné. La fusillade s'entendait encore à dix heures du soir.
Nous avons fait un détour pour tourner

le Mey et prendre à revers une division
prussienne, nos pièces mises en batterie, j'ai pu juger l'effet de ces mitrailleuses : c'est effroyable ! Nos officiers
d'artillerie sont splendides au feu mais
il faut être juste, les Prussiens tiennent
admirablement. Je regardais avec la
lunette du capitaine. Un régiment prussien, qui dit-on, porte le nom de « fusi-
liers de la reine, » a essayé trois fois de
tourner l'angle du bois qui nous faisait
face. Trois fois nos artilleurs ont laissé
engager dans l'éclaircie, ses bataillons
en colonne profonde, puis ont fait tonner leurs six pièces en même temps.
Les rangs tombaient comme des capu-
cins de carte, et la colonne s'arrêtait
Mais les officiers l'épée haute, la remet-
taient immédiatement en marche. La
quatrième fois pourtant, ils en ont eu
assez. C'est horrible ; je croyais avoir
appris en Algérie ce que c'était que la
guerre. je ne m'en doutais même pas.

Au beau milieu de la canonnade, l'ad-
judant m'a remis une lettre de toi. Si tu

savais comme je l'ai embrassée, et pourtant elle m'a fait de la peine. Paris en état de siége, mais vous êtes donc fous là-bas. Sois tranquille, Metz est là, d'abord pour arrêter ces messieurs : puis à défaut de pierres brutes, nous avons ici 80,000 murailles vivantes, qu'ils ne démoliront pas aisément. Quelles braves troupes, mais quels démons incarnés. Si nous entrons en Prusse, je ne sais comment nous pourrons les tenir.

Nous arrivons hier soir à minuit au village de Mey, fatigués à ne pas même avoir faim. Il n'y avait pas un quart d'heure que les chevaux étaient à la corde, que déjà tous mes gaillards, mon ordonnance en tête, M. Beauvillain, dont tu le sais, l'activité n'est pas vertu principale, avaient défilé. Pas l'ombre d'un garde d'écurie !

Je monte immédiatement au village, et je les trouve, sous prétexte de prendre du bois, consciencieusement occupés à finir le déménagement d'une ferme commencé le matin par les obus prussiens.

Le pauvre fermier était revenu après l'alerte et courait tristement çà et là cherchant à rassembler quelques débris de son mobilier. « Regardez, Monsieur, me dit-il, à quoi çà pouvait-il leur servir un méchant bouquet comme cela ? C'était ma relique à moi, le seul souvenir de ma défunte. Ils ont tout jeté par la fenêtre. » Et il me montrait une de ces petites planchettes en bois noir sur lesquelles, recouvertes d'un globe, nos paysannes couchent leurs bouquets de mariage.

La tristesse de ce pauvre homme pensant à ces vieilles fleurs au milieu d'une ruine presque complète m'a fait de la peine.

J'ai rudoyé mes cavaliers, mais on a peine à être sévère à la suite d'une journée pareille.

Les pauvres diables cherchaient partout quelque chose à manger ; ils enjambaient à chaque seconde le corps d'un de leurs camarades étendus sur de

la paille sanglante. Qui sait combien
d'entr'eux seront debout demain !

On s'attendait à une attaque de l'ennemi au point du jour. Rien ! L'armée
quitte ses positions ; nous devons, nous,
partir à quatre heures. On prend la route
de Verdun, passerons-nous avant que
les Prussiens ne soient reformés ? C'est
douteux, mais nous nous ferons bien
un chemin à coups de sabre ! Adieu
chère mère, la pluie tombe toujours à
torrents, ma foi tant mieux, la terre est
plus molle pour ceux qui tombent.

. . . .

GRAVELOTTE

—

Vivant, chère mère, je n'y comprends
rien ! Ma jument a été tuée, je suis resté
sans connaissance pendant je ne sais
combien de temps, et l'on doit s'être un
peu battu sur mon dos, car je suis moulu.
Mais pas une goutte de sang dehors pour
teindre mon futur ruban ! je n'ai cependant pas le courage de m'en plaindre.
Inscris cette date : « GRAVELOTTE ,
16 août. » C'est une journée comme
l'histoire en trouvera peu à enregistrer !
Comment après une lutte de 16 heures,
un contre trois, une armée qui a partout refoulé l'ennemi et qui a couché à
un kilomètre en avant du champ de bataille, est-elle en retraite ? C'est ce que

l'on ne peut concevoir et cependant cela
est. Je t'écris du fort de Plappeville,
juste sous les canons ou plutôt sous les
embrasures du fort, car il n'y a même
pas de canon, et nous sommes perchés
à je ne sais combien de mètres au-des-
sus du niveau de la plaine. — Singulière place pour de la cavalerie !

Mon régiment est abîmé. Dix-sept
officiers manquent à l'appel ! Plusieurs
sont tués cela est sûr, les autres sont ou
blessés ou pris : on ne sait ce qu'ils
sont devenus.

Quelle bataille ! C'est épouvantable,
mais c'est sublime... quand on en est
sorti ! Entre nous, vrai, j'ai eu peur.
J'espère ne pas l'avoir trop montré ;
mais lorsque j'ai vu éclater les obus au
beau milieu de nos rangs, couchant sur
le carreau chevaux et hommes, je n'ai
plus osé regarder en arrière. Je crai-
gnais de montrer à mes soldats un visage un peu pâle. Oh les braves gens !
quel calme d'abord, quel entrain ensuite.
— Vive la France !

A cinq heures du matin, j'errais dans
le village de Rezonville avec mon cui-
sinier, (car j'ai ou plutôt j'avais un cui-
sinier, le pauvre diable est resté là-bas),
cherchant quelque chose à manger. Ce
n'eût pas été de trop, car nous sommes
restés vingt heures à jeun. Tout à coup
je vois passer au grand galop une voiture à la livrée de l'empereur, suivie
d'une escorte de lanciers de la garde.
Je retourne immédiatement au bivouac.
Il était temps, on montait à cheval.
Nous restons deux heures de pied ferme
sans rien voir, sans rien entendre ; puis
soudain un coup de canon résonne, puis
deux, puis cent, et cela ne cesse plus
jusqu'à neuf heures du soir ! Des chevaux lâchés viennent se jeter dans nos
rangs ; une troupe de dragons en désordre les suit. Un général suivi de son
aide de camp et de quelques officiers,
se plante l'épée haute au milieu de la
route et leur fait rebrousser chemin ;
c'est Murat dont le bivouac vient à l'im-
proviste d'être criblé de bombes. Une

heure après nous nous ébranlions nous-mêmes et nous arrivions nous mettre en batterie sur ce plateau jonché des cadavres du 6ᵉ cuirassiers de Magdebourg (régiment de Bismark), qui venait d'être pris de flanc et chargé par un régiment de chasseurs et par ces mêmes dragons en débandade un instant auparavant.

Nous sommes restés là jusqu'à midi derrière nos pièces, recevant la mitraille aussi juste que si l'on tirait sur nous à la cible. Quel spectacle ! Les hommes tombent horriblement mutilés et attendent une heure que les cacolets puissent arriver jusqu'à eux ; les chevaux hennissent, se traînent sur les genoux, sur le ventre pour venir mourir en appuyant leur tête sur le cadavre d'un homme.

Ma batterie faisait merveille, mais à quel prix ! Au bout d'une demi-heure il ne restait plus la moitié des canonniers Parmi les officiers deux seuls survivaient et pointaient eux-mêmes,

écartant avec la main pour pouvoir se
pencher sur leurs pièces, les restes sanglants des artilleurs tués sur les affûts.

Je me rappelle tout cela maintenant,
mais à vrai dire, c'est à peine si je m'en
suis rendu compte sur le moment.

A midi, la canonnade se ralentit, puis
cesse. Notre batterie presqu'entière-
ment démontée est ramenée en arrière,
et mon escadron va rejoindre le régiment qui surveillait avec la division de
cavalerie, les ravins et les bois de
Gorze.

Nous n'avions vu qu'une partie du
champ de bataille. Quelques officiers
arrivent porter des ordres et nous
donnent des détails. Tout va bien, à
l'aile droite et au centre. Une charge
de la division Forton a anéanti quatre
régiments de uhlans. L'un d'entr'eux,
le 16e, est resté presqu'en entier dans
nos lignes. Les troupes de la division
de Cissey qui, retardées par le combat
de Borny, n'ont pu arriver que tard sur
le terrain, ont, à peine déployées,

abordé l'ennemi avec un élan irrésistible. Elles n'ont laissé debout que 160 hommes sur 3,000 soldats des nᵒˢ 4 et 16 de l'infanterie prussienne qui leur étaient opposés. Partout les Prussiens plient !

Comme le cœur s'élargit alors. Tous ces gosiers contractés se détendent : on parle, on rit, on s'attriste en regardant autour de soi, et en voyant ceux qui manquent ; mais on vit, et on sent le bonheur de vivre ! J'ai toutes les peines du monde à empêcher mes hommes de mettre pied à terre pour aller enlever leurs casques à ces géants de la garde prussienne, en habits jaunâtres et en cuirasses souillées et brisées qui jonchent le sol.

J'ai bien cru, pendant cette heure d'entr'acte que la journée était finie. Plus de canonnade, plus de Prussiens en vue. Je me trompais, comme tu vas le voir.

Le commandant m'appelle et m'envoie demander des ordres au général de division. Je pars, mais à peine sorti des rangs et arrivé sur la route, j'entends les clairons sonner à tout rompre et je vois les grenadiers de la garde se masser au pas gymnastique. Quelques coups de fusil isolés partent de ci de là, puis le feu se propage du centre aux deux ailes, et en quelques secondes, la canonnade reprend plus forte que le matin.

Canrobert avec ses grands cheveux blancs est devant moi, à cheval, interrogeant deux ou trois paysans hébétés. Un obus arrive, éclate dans son escorte et coupe en deux un de ses officiers d'état-major.

Canrobert cause toujours et je n'ose l'aborder. Enfin il m'aperçoit : — « Que voulez-vous, mon lieutenant, me dit-il tranquillement ? » — « Des ordres, monsieur le maréchal, nous sommes séparés de la division, et le colonel attend ne sachant où se porter ? » — « En avant, monsieur ! nous allons avoir besoin de tout notre monde tout à l'heure,

le prince Frédéric-Charles vient d'arriver avec 80,000 hommes de troupes
fraîches que l'on prévienne Bourbaki ! »

Je me remets en route pour rejoindre
le régiment. Plus de régiment ! J'ar-
pente toute la ligne au grand galop, as-
sourdi par la mitraille ; puis tout à coup
j'entends un cri énergiquement pro-
noncé : « Au galop, pour charger, guide
à gauche. » Les cuirassiers passent à
fond de train, et me voilà chargeant
avec eux, ayant à peine eu le temps de
mettre le sabre à la main !

A partir de ce moment, il me serait
difficile, ma pauvre mère, de t'analyser
mes sensations ; mais il me semble que
j'étais enchanté : on m'a *tapé*, j'ai *tapé*.
Je crois bien avoir aperçu dans le tas, un
grand diable de houzard bleu et jaune
qui me mettait son pistolet à hauteur
du nez ; je crois aussi que mon sabre lui
est entré dans la gorge car le pistolet a
disparu, mais... tout cela est plus que
confus. Au même moment mon cheval
a manqué des quatre pieds, j'ai ressenti

une violente douleur à la tête. et... je me suis réveillé dans une mare de boue à neuf heures du soir.

Cela est moins gai par exemple! Je me suis relevé cherchant à me rendre compte de ce qui pouvait bien m'être arrivé, puis j'ai regardé autour de moi.

Il faisait presque nuit; quelques rayons de lune éclairaient tout ce gâchis, d'une laide lumière. Beaucoup, beaucoup de cadavres. Ce n'est pas beau. Quant à savoir où j'étais, je ne m'en doutais même pas. J'ai ramassé un morceau de lance brisée, et je me suis dirigé tout droit devant moi à la grâce de Dieu, et traînant l'aîle ! Je ne souffrais pas, mais je mourais de soif. Une sonnerie de clairon français éclate tout à coup, à quelque distance, sonnant aux perdus. C'était mon cas, je me hâte *lentement* de ce côté, le bénissant, comme je ne croyais pas devoir jamais bénir un morceau de cuivre. Une demi-heure après j'arrivais au village où j'avais voulu fourrager le matin, et dont une seule maison restait debout.

Une petite, toute petite femme en noir, était à la porte, très-affairée et tenant à la main des bidons plus gros qu'elle. Je lui en arrache plutôt que je ne lui en prends un et je le bois, mais je bois comme je n'ai jamais bu de ma vie, même à Ouergla, au désert.

« Laissez m'en pour mes blessés, me dit-elle doucement, » et elle me montre l'intérieur de la grange. C'était une ambulance volante, mais bien remplie, je te l'assure !

« Venez vite, ajouta-t-elle en me voyant plein de boue et de sang, le médecin va revenir. » « Mais je n'ai rien du tout, ma sœur, lui ai-je dit, laissez-moi seulement me coucher dans ce coin ; » et me laissant tomber par terre, je me suis endormi d'un sommeil fébrile, troublé à chaque minute par des cris de douleur ou d'agonie.

.   .   .   .

SŒUR SAINTE-CLAIRE

—

Pauvre femme, pauvre sœur ! Je la
vois encore avec son grand voile noir
doublé de bleu, foulant la paille sanglante de notre ambulance, insensible
au canon qui grondait, à l'incendie des
dernières maisons du village, qui proje-
tait ses lueurs sinistres sur nos visages
pâles ; mais comme elle entendait la
moindre plainte, le moindre soupir
échappé à l'un de nous !

Partout et à tous en même temps !
Quelle force Dieu avait mise dans ce
petit corps ! On ne l'avait pas encore
vue qu'on sentait déjà devant ses lèvres
la boisson rafraîchissante que l'on

n'avait même pas le courage de demander. On entr'ouvrait des yeux alourdis
par la fièvre, et l'on voyait ce visage fin
et sympathique, un peu marqué par la
petite vérole. mais si souriant, si tranquille, si résolu en même temps, qu'on
oubliait et sa souffrance et les Prussiens,
dont la fusillade éclatait à quelques pas,
et l'incendie qui menaçait à chaque instant de dévorer la grange qui nous ser-
vait d'asile. Bonne sœur, devant Dieu
où vous êtes maintenant, victime de
votre cœur et de votre foi, vous devez
entendre les actions de grâces et les
prières de ceux qui, vivants, se sou-
viendront éternellement de vous, et
qui, morts, vous ont dû de s'endormir
du sommeil éternel avec calme, avec
espérance !

. . . .

La nuit était venue. Cette nuit du
16 août qui, seule, avait mis fin à une
canonnade furieuse. Les blessés arrivaient en foule. On déposait dans une
grange de Rezonville tous ceux que

l'intensité de leurs souffrances empê-
chait de transporter plus loin ; les premiers bras que l'on voyait tendus vers
soi, étaient ceux de cette petite femme
noire, le sourire aux lèvres, les larmes
dans les yeux. A deux pas du champ de
bataille et de l'énervement de la lutte,
à deux pas de la place boueuse et sanglante où l'on a cru mourir comme tant
d'autres, quel soulagement immédiat
que celui de cette charité, qui panse à la
fois et vos blessures et surtout votre
anéantissement moral !

Pauvre sœur ! Pour puiser l'eau que
cinquante voix déchirantes réclamaient
à chaque instant, il fallait aller sous la
mitraille, et toutes les cinq minutes vous
sortiez avec vos deux bidons, et vous
rentriez aussi sereine, aussi tranquille,
que si Dieu vous avait fait invulnérable.

Le lendemain, notre armée si vail-
lante, qui venait pendant onze heures
de lutter contre des forces triples, après
avoir couché sur le champ de bataille,
se repliait sur Metz. On évacuait toutes

les ambulances à la hâte, car l'armée
prussienne, qui n'avait pu entamer aucune de nos positions de la veille, nous
suivait pas à pas.

Les blessés, enlevés précipitamment,
s'entassaient dans les fourgons et sur
les cacolets.

Que de cris, que de douleurs, que de
souffrances ! Et pourtant, pauvre sœur,
vous trouviez moyen, vous qui depuis
quarante-huit heures, n'aviez pas eu
une seconde de repos, d'aller d'un bout
à l'autre de cette sinistre colonne, d'apporter à l'un une goutte d'eau, à l'autre
une bonne parole, de soulever de vos
petits bras cette tête qui s'incline,
de replacer dans une position moins
pénible ce malheureux amputé de la
veille et qui dans une heure peut-être
sera mort ! Puis, vous êtes partie sur
le dernier cacolet.

Hélas ! A peine une demi-lieue plus
loin, une balle venait vous frapper, au
moment où vous appuyiez encore contre
votre poitrine le blessé placé à côté de

vous! Un régiment de uhlans disper-
sait notre ambulance, et quelques-uns
d'entre nous seulement étaient assez
heureux pour leur échapper.

Pauvre sœur ! C'est par nos ennemis
qu'a été creusée la fosse où vous dormez
maintenant, au milieu de ceux à qui
vous avez prodigué les trésors de votre
âme. Et, de ceux qui survivent, aucun
probablement ne saura jamais quelle
était cette petite trinitaire qui avait nom
en Dieu sœur Sainte-Claire : ce rêve de
charité entrevu au milieu d'une longue
nuit d'agonie !

Vous reposez obscurément dans un
sillon perdu de la Lorraine, mais votre
souvenir restera vivant jusqu'au dernier
jour dans tous les cœurs que vous avez
soulagés !

SAINT·PRIVAT·AMANVILLIERS

—

Ban Saint-Martin, 20 août.

Je t'écris sans grand espoir que ma
lettre te parvienne, ma pauvre mère !
Le chemin de fer et les télégraphes sont
coupés, et nous sommes à peu près en-
tourés de toutes parts. Voilà le résultat
de trois épouvantables batailles rangées
(car nous nous sommes encore battus le
18, à Saint-Privat). Combien donc sont-
ils ces Allemands ? Plus on en couche
par terre, plus il en revient, et après
avoir trois fois crié victoire, il se trouve
que nous sommes rejetés et enfermés
dans Metz. Si Mac-Mahon ne se dépêche
pas d'arriver, je ne sais pas trop com-

ment cela va tourner. Il y a peu ou point de vivres, et nous sommes beaucoup. Nous devrions jouer vigoureusement de la mitrailleuse et nous en aller tout de suite, ce serait prudent, si nous ne voulons pas mourir de faim dans quelque temps.

Je n'ai pas causé avec toi depuis que je t'ai raconté ma mésaventure de Gravelotte. Le lendemain, n'ayant plus de cheval, et brisé encore de ma secousse du 16, je suis monté sur un cacolet dont un côté était vacant. Tu ne sais peut-être pas ce que c'est que ce système agréable de voiture. C'est tout simplement un mulet aux deux flancs duquel sont attachés deux petits fauteuils de cuir, pouvant se plier ou s'étendre à volonté et placés de la même manière que des paniers sur le dos d'un âne. Cela va encore lorsque le poids est à peu près égal de chaque côté ; mais pour mon malheur j'avais comme contre-poids un énorme cuirassier blessé au cou et qui n'avait jamais voulu se séparer de sa

cuirasse ; ce qui fait que pendant que
ses pieds touchaient presque terre, je
me promenais en l'air, très-peu satisfait
de ma position. Tout à coup j'entends
crier : « Les uhlans, les uhlans. » Notre
ambulance se disperse, je saute à bas
de mon mulet, et je cours tout droit devant moi, ne me souciant pas de me
laisser prendre. Enfin je rejoins une
arrière-garde de dragons ; on me prête
un cheval avec lequel j'ai pu retrouver
mon régiment, où tout le monde me
croyait tué. Mon pauvre Roger m'a em-
brassé la larme à l'œil, et tous mes hommes se sont groupés autour de moi, bien
joyeux, je te le jure. Cela m'a fait plaisir ! Hélas, pauvres diables, il m'en
manque déjà 12 sur 30. Ton ami ,
M. Beauvilain n'a pas une égratignure.
Il m'a reçu avec cet air maussade qui
fait son plus bel apanage, et m'a dit avec
l'accent nasillard que tu lui connais :
« L'officier aurait bien pu au moins rapporter ses chemises. » La perte de mon
porte-manteau est la seule chose qui l'ait

ému dans le récit de mon odyssée. Après tout, il a raison, il n'y a pas de quoi rire beaucoup ; je n'ai plus d'effets, et s'il est arrivé malheur à mon second cheval qui est resté au convoi, je ne sais trop comment je vais faire.

Il y a eu beaucoup de *casse* comme disent nos hommes, dans notre corps d'armée. Mon régiment a été un des moins maltraités, et cependant il nous manque 150 hommes et sur les 17 officiers qui avaient disparu, 8 ont été tués. Les lanciers et les cuirassiers ont beaucoup souffert, mais ce sont ces pauvres grenadiers qui ont laissé le plus de monde sur le carreau, le 3e surtout. Il lui reste à peine de quoi former un bataillon, et c'est un capitaine qui le commande depuis quatre jours.

Colonel, lieutenant-colonel, chefs de bataillons, tout est par terre ; mais sous un feu terrible pendant quatre heures, pas un homme n'a bronché ! Leur drapeau a changé sept fois de main. Le colonel l'avait fait planter en terre à la tête

de son cheval, et il est mort dessus.
C'est le vieux Morand qui l'a repris là,
à 4 heures du soir, lorsque n'ayant plus
assez d'hommes pour faire un feu suivi,
il a dû se reporter en arrière. Chargés
à ce moment par un régiment de dragons hessois, ils se sont formés en bataillon carré aussi tranquillement qu'à
l'exercice, et ont reçu les trois escadrons
sur leurs baïonnettes sans se laisser
entamer.

Quand les bataillons de chasseurs sont
venus les dégager, pas une cartouche ne
restait dans les gibernes, mais pas un
homme n'avait quitté son rang. Ils ont
été magnifiques de sang-froid et de discipline.

.   .   .   .

Je t'ai écrit le 17 aussitôt en arrivant
à Plappeville, je ne sais si ma lettre
aura pu passer. J'étais enthousiaste de
notre armée comme je le suis encore.
— Mais la bataille du 18 (St-Privat
Amanvilliers), m'a fait perdre un peu
de ma confiance. — Je n'ai vu qu'une par-

tie du champ de bataille et très-tard. —
L'infanterie de la garde est restée toute
la journée l'arme au pied à Châtel St-
Germain et au col de Lessy, tandis que
nous restions spirituellement perchés
tout en haut de Plappeville. Ce n'est qu'à
cinq heures du soir qu'on nous a fait
entrer en ligne et le canon tonnait depuis
six heures du matin aussi fort qu'à
Borny !

Quand nous sommes arrivés par la
route de Sauny nous nous sommes trou-
vés au milieu d'une panique épouvantable ; des milliers de voitures, des con-
voyeurs, des fuyards effarés, des chevaux lâchés, des mulets ayant encore
sur le dos des blessés hurlant de douleur, tout cela courant pêle-mêle, à travers les champs, cherchant à gagner
Metz.

Rien ne vous démoralise autant qu'un
spectacle semblable. — Qu'est-il donc
arrivé? nous demandions-nous. A chaque
instant nous nous attendions à être attaqués. On prétend qu'à la même heure

et sur la même aile les Prussiens étaient
dans une débandade exactement semblable à la nôtre. — Cela ne m'étonne-
rait pas, car nous n'avons même pas vu
un régiment ennemi. Nous sommes
rentrés à onze heures du soir à Plappeville , n'ayant pas tiré un coup de
fusil. .

Il n'en a pas été de même partout, et
nous avons encore perdu beaucoup de
monde sans résultat, puisque nous sommes plus étroitement cernés qu'avant-
hier. On dit que Bazaine n'a pas paru
de la journée sur le champ de bataille.
— Cela en valait cependant la peine.

Le pauvre Canrobert avec le 6ᵉ corps
a encore soutenu l'attaque la plus furieuse.
Il était établi à St-Privat et s'est vu as-
sailli en une heure par les feux combinés
de 200 pièces de canon qui servaient à
protéger un mouvement tournant des
Saxons et de la garde royale. — Nos
soldats ont résisté avec une énergie in-
croyable, et la garde prussienne a été
décimée. A cinq heures le prince de

Wurtemberg qui commandait en face, a voulu en finir et a envoyé ses colonnes à l'assaut de St-Privat, mais il a été repoussé avec de telles pertes qu'il a été obligé de faire sonner la retraite. « A cette heure-là, nous nous croyons maîtres de la journée m'a dit un officier de qui je tiens ces détails ; et nous n'attendions que vous pour en finir avec les Saxons ; mais vous n'êtes pas venus ! et à 6 heures, Canrobert attaqué au Nord par 30,000 hommes de troupes fraîches, au Sud et à l'Ouest par un retour offensif de la garde royale, ayant brûlé toutes ses cartouches et n'ayant plus de poudre pour ses canons, a été obligé d'évacuer ces positions dont la défense nous a coûté tant d'héroïques soldats. »

Nous ne sommes pas venus ! — Pourquoi ? Qu'a fait Bazaine, pendant toute cette journée ? Une seule de nos divisions venant appuyer les 50,000 hommes de Ladmirault, épuisés par une lutte de 5 heures, eût certainement arrêté les 130,000 Allemands qu'ils avaient devant eux. Au lieu de cela nous sommes restés sans ordres, malgré les cent messagers peut être què Bourbaki a envoyés au maréchal, et nous avons laissé entamer le 4e corps, qui ce jour-là comme à Gravelotte s'est admirablement battu, a mis 15 pièces ennemies hors de combat et en a pris 7.

Enfin rien n'est perdu encore. Faute ou non, nous n'en avons pas moins supporté une fois de plus l'effort de 240,000 Allemands. — C'est tout au plus si nous étions 100,000 hommes et nous nous sommes battus trois fois en cinq jours !

Que le canon de Mac-Mahon se fasse entendre et force les Prussiens à se diviser un peu, nous leur passerons vigoureusement sur le ventre. L'empereur doit avoir rejoint l'autre armée, car il nous a quitté le 15, et il sait que ce jour-là notre position était déjà très-périlleuse. L'armée a bon espoir, mais nous avions besoin de 48 heures de repos que nous venons de prendre. Les ambulances de Metz regorgent déjà de blessés, et on manque de médecins et de médicaments. Je crois qu'on manquerait un peu de tout, si nous restions longtemps ici.

Je suis sans nouvelles de toi depuis dix jours et j'ai peur que tu ne sois bien inquiète. Rassure-toi, bonne mère, la guerre sera certainement longue et dure, mais nous nous en tirerons. Je ne puis croire que nos lettres ne pourront passer. On ne bloque pas une armée comme la nôtre autour d'une place aussi forte que Metz, et les Prussiens seront malins s'ils y parviennent. Adieu mère ; on m'appelle pour dîner ? Nous avons retrouvé dans notre voiture un lièvre superbe mais qui doit être un peu faisandé ; c'est notre pauvre camarade Girod qui l'a tué dans les vignes pendant notre marche sur ces côteaux de Gravelotte où lui-même devait tomber quelques heures plus tard.

En voilà déjà deux qui manquent autour de la petite table de notre escadron, ces places vides font froid au cœur !

. . . .

Sommes-nous assiégés? Ce n'est pas possible, car s'il en était ainsi, notre inaction serait inexplicable. Cependant nous n'avons aucune nouvelle du dehors. Voilà plus de dix lettres que je t'écris, et que je mets à la poste..... dans ma sabretache, car personne ne veut s'en charger. Que faisons-nous ici? Après Gravelotte nous pensions qu'il valait peut-être mieux ne pas abandonner Metz. Mais, depuis ce temps-là, nous n'avons pas fait un pas : au contraire! Du haut des forts nous pouvons voir les Prussiens construire redoutes sur redoutes, tracer parallèles sur parallèles, avancer pas à pas et occuper des hauteurs que nous serons obligés d'enlever à la baïonnette quand il faudra partir. Nous laissons le champ libre à leur activité : ce n'est pas prudent!

La pluie tombe sans discontinuer ; c'est tout au plus si nous pouvons allumer du feu pour faire la cuisine et nous n'avons plus un effet qui ne soit traversé. Quand je veux me sécher je vais à Metz. La ville présente un spectacle curieux. C'est à peine si l'on peut circuler dans les rues. Les boutiques en général, et celles des pâtissiers en particulier, regorgent de chalands. On nous y exploite à plaisir, mais l'argent n'est rien en ce moment. Qui sait où nous serons demain ! Puis, tout à coup les canons des forts font entendre leur grosse voix. On croit à une attaque ou à une sortie imprévue : En dix minutes la ruche bourdonnante est vide : on s'écrase sous les ponts-levis : qui à pied, qui à cheval, qui en charrette, galope vers son bivouac, et le trouve parfaitement tranquille. Et cela recommence tous les jours.

Depuis avant-hier nous n'avons plus de chevaux de main ni de bagages. Le maréchal a fait rentrer à Metz tous les *impedimenta*. Donc nous allons sortir ! Enfin !

Il est temps, le verger du seigneur de Lardemelle, dans lequel nous campons, et dont les poires ont fait les délices de notre table, est parfaitement vide. Nous ne laissons rien derrière nous !

Nos chevaux sont un peu maigres, mais c'est leur faute : ils ne font rien et on les nourrit avec du blé. Evidemment Bazaine sait comment s'en aller : mais on tarde beaucoup. Si Mac-Mahon nous donnait signe de vie, nous ne serions pas longs à aller lui donner une poignée de main.

Qu'il vienne donc !

. . . .

Encore une espérance déçue ! Hier 27, on a sonné le boute-charge à sept heures du matin ; nous sommes restés neuf heures en selle sous des torrents d'eau pour faire quatre kilomètres, et nous voilà revenus dans notre même bivouac. C'est au moins la dixième fois que je me mets en frais d'installation pour établir ma tente. On a probablement voulu faire une démonstration pour attirer d'un côté l'attention de l'ennemi. Toute l'armée a passé la Moselle

sur un pont de bateaux. Mais MM. de
la Prusse n'ont pas même fait semblant
de nous apercevoir, et sont tranquillement restés dans leurs tanières. Se
moquent-ils de nous ces buveurs de
bière ? Rira bien qui rira le dernier.

Je n'ai pas beaucoup ri cette nuit
pour mon compte. En rentrant de notre
triste équipée, je reçois l'ordre de partir
avec vingt hommes pour escorter le général. Nous sommes en première ligne
par suite d'un changement de front : on
me le dit du moins.

Je me mets en route avec mes pauvres
hommes trempés et affamés, et le chef
d'état-major me poste dans une grande
plaine labourée, sans aucun abri, à
deux kilomètres à la ronde, en me priant
de veiller attentivement. J'aurais mieux
aimé dîner, mais l'estomac n'a rien à
voir aux questions de service. Nous re-
sanglons nos ceinturons, et je pose mes
vedettes le fusil sur la cuisse en leur re-
commandant d'autant plus de vigilance,
que nous apercevions quelques feux en

avant de nous. Une heure se passe et la
pluie tombait toujours ! lorsque mon
maréchal-des-logis qui avait été relever
ses cavaliers, revient et me dit : « Je ne
sais ce que cela veut dire, mon lieutenant, mais des soldats de ligne passent
à chaque instant et se portent en avant
de nous. »

La chose me parait étrange, et j'y
cours moi-même ; j'interroge deux
hommes qui cheminaient le dos courbé
sous leurs sacs ruisselants, et j'apprends
que depuis deux heures, j'éclaire sui-
vant toutes les règles prescrites par le
service en campagne..... les marmites
d'une division française ! J'avais devant
moi tout un corps d'armée. Personne
n'en savait rien, pas plus mon général
que les autres. J'étais furieux.

. . . .

4

GRIMONT. SERVIGNY. S^TE^ · BARBE

—

3 Septembre.

J'écris toujours du même endroit !
J'espérais cependant bien ne plus y revenir. Nous nous sommes encore battus
deux jours de suite, le 31 août et le
1er septembre à Sainte-Barbe et Servigny, et nous sommes rejetés sur Metz.
Allons ! il faut en prendre son parti !
Cette fois nous sommes bien pris !

Le 30, Bazaine a été averti que Mac-
Mahon venait à son secours par la route
de Montmédy. A deux heures du matin nous avons reçu l'ordre de plier ba-
gage dans le plus grand silence, et à
trois heures nous partions.

Cette fois pas d'encombrement, nous marchions bien, et à neuf heures nous étions rangés derrière les forts du Nord. Le cœur battait un peu à tout le monde. Le moment tant désiré arrivait, mais nous ne nous dissimulions pas combien le coup de collier serait rude à donner. Nous avions eu le temps de prendre nos précautions ; les gourdes étaient remplies, hommes et chevaux avaient le *coffre-fort* garni, les ordres étaient donnés et suivis avec calme. Tout allait bien, seulement on n'entendait pas le moindre coup de canon.

A deux heures enfin le fort Saint-Julien commence à parler par dessus notre tête ; Plappeville et Queleu se mêlent à la conversation. Les Prussiens répondent. Il parait qu'ils ne dorment pas cette fois. La canonnade est furieuse, et deux officiers qui descendent des plates-formes nous disent que nos colonnes gagnent du terrain, et que les feux des forts démolissent à plaisir les ouvrages avancés de l'ennemi. Quant à nous, nous attendons ! C'est ce qu'il y a de plus désagréable dans la guerre actuelle. Être jeté à terre à 3,000 mètres par un obus stupide, sans savoir d'où il vient, mieux vaudrait cent fois se battre une heure corps à corps.

A huit heures nous recevons l'ordre de nous porter vivement en avant et nous allons occuper le Château de Grimont..... Est-ce château que je devrais dire ? Depuis le matin, les obus en ont fait un belvéder ouvert à tous les vents. La canonnade a cessé et on nous affirme que nous ne bougerons pas avant le jour, aussi nous précipitons-nous dans ce qui reste des appartements, et je pénètre dans une ex-salle de billard. Les billes sont encore sur le tapis, auquel un éclat d'obus a fait une blouse supplémentaire.

Quel bon feu nous faisons dans la grande cheminée de cette salle ; le parquet entamé par les projectiles n'est pas difficile à arracher et nous y mettons le feu à l'aide du portrait à l'huile d'un

beau monsieur en habit rouge et en
fouet de chasse qui est encore pendu au
mur, mais auquel un boulet prussien a
enlevé une jambe.

Nous sommes là accroupis autour de
cette cheminée, le sabre entre les genoux, n'osant céder au sommeil, car la
fusillade *déchire toujours la toile* dans le
lointain. Nos braves petits lignards at-
taquent Sainte-Barbe et élargissent la
trouée. Le vieil africain Changarnier
est avec eux, c'est bon signe. Ils tra-
vaillent pour nous ce soir, nous travail-
lerons demain pour eux.

.   .   .   .

Jusqu'à deux heures du matin la fusillade a retenti. Quelques blessés, apportés cette nuit au château, nous disent
que nos troupes ont enlevé Servigny à
la baïonnette, puis qu'après y être res-
tées pendant deux heures, elles ont reçu
l'ordre de la retraite !

Ce qu'il y a de certain, c'est que dans
la nuit du 30, l'ennemi a cédé, que ses
ouvrages avancés ont été enlevés, et

que nous pouvions couper en deux l'armée allemande ou tout au moins la rejeter sur la rive gauche de la Moselle.
Cela nous aurait permis de rétablir des
communications et de faire rentrer des
vivres. Au lieu de cela nous sommes
paisiblement restés toute la nuit autour
de nos feux. Nos colonnes d'attaque
n'étant pas soutenues ont dû se replier
sur leurs réserves, et les Prussiens sont
rentrés l'arme au bras, dans ces villages
si brillamment emportés quelques heures
auparavant !

A cinq heures, les forts ont recom-
mencé à tonner, mais l'ennemi a vigoureusement répondu. Pendant le temps
que nous lui avons laissé, il a réuni
tout son monde pour protéger le point
menacé, et à midi Bazaine a partout
envoyé l'ordre de rentrer à Metz. La
porte un instant ouverte est refermée,
et nous sommes plus étroitement cernés
qu'après la bataille du 18 août.

A qui la faute ? ce n'est certes pas à
l'armée. A neuf heures nous avons été

flâner du côté des avant-postes et nous
avons vu un régiment le 42ᵉ je crois qui
a perdu la moitié de son effectif dans
l'affaire de la nuit ; mais, sans penser
à leurs pertes, ceux qui restaient étaient
encore dans l'enthousiasme. « Si vous
« aviez vu çà, lieutenant, m'a dit un
« vieux briscard, si vous aviez vu
« comme ces gringalets-là se sont mis
« à courir, quand le vieux bédouin
« (Changarnier) a fait sonner la charge !
« ça m'a rappelé le Mamelon-Vert en
« Crimée. Les Prussiens n'ont pas fait
« long feu, allez ! Nous les avons cloués
« sur les tables, où les gredins avaient
« encore de notre vin dans leurs verres.
« Parlez-moi de cette aiguille-là, ajouta-
« t-il, en me montrant sa baïonnette,
« çà leur fait plus peur que vos chasse-
« pots et vos mitrailleuses. »
Il avait bien raison. Pourquoi, hélas !
dans toutes ces affaires, a-t-on si peu
compté sur l'entrain de nos hommes.
Mieux vaut mille fois marcher aux batteries, disent-ils tous, que de se laisser

éreinter à distance. Nos généraux n'ont-
ils donc plus confiance dans la *furia
francese* ?

Nous sommes tranquillement rentrés
à Metz saus recevoir un coup de canon.
L'ennemi doit être encore plus étonné
que nous de notre retraite. Nous nous
sommes battus quarante-huit heures, et
nous n'avons même pas rapporté un
morceau de pain. Depuis hier les dis-
tributions de fourrage ont cessé. Nos
pauvres chevaux sont maigres à faire
pitié. Nous ne tarderons pas, je crois, à
rivaliser avec eux !

. . . .

Quelle nouvelle épouvantable ! Sedan,
l'empereur, l'armée, tout est pris ! Horrible désastre ! et nous attendions
chaque jour Mac-Mahon ! et chaque coup
de canon qui retentissait au loin dans la
plaine nous semblait un signal de délivrance. Pauvre armée ! Pauvre France !
Je suis de semaine, et j'ai dû faire lire
à l'appel du pansage cet effroyable ordre
du jour. Mon fourrier n'a pu achever la

lecture ; un cri d'angoisse s'échappait
de toutes les poitrines, de grosses larmes
coulaient sur ces joues amaigries et hâ-
lées. Mac-Mahon est mortellement blessé,
dit-on, et nos pertes sont affreuses.

Aussitôt la nouvelle communiquée et
lue aux troupes, on aurait dû sonner à
cheval et partir ! L'espoir de la vengeance nous aurait tenu lieu de nombre,
et nous aurions brisé tous les obstacles !

Enfin nous sommes encore debout !
et pendant que nous tiendrons ici jusqu'au dernier, la France se lèvera, et les
Allemands paieront cher leurs premiers
succès. Tous les jours nous allons faire
un tour aux avant-postes, nos hommes
s'embusquent, et quand on a pu *tuer
son Prussien* avant déjeûner, on revient
joyeux. Les rations ne sont pas encore
diminuées ; donc les vivres ne manque-
ront pas de sitôt. Cependant les Messins ont triste figure. Après avoir crié
que nous les abandonnions à l'ennemi,
en voulant partir, ils commencent à
trouver que notre présence pourrait de-

venir gênante ; 100,000 bouches de plus !
c'est *raide !* Bah ! il ne faut pas déses-
pérer ! Le jour où nous aurons trop
faim, nous nous en irons !

. . . .

Le jour où nous aurons trop faim di-
sais-je ! hélas ! il est peut-être plus près
que nous ne pouvions le croire. Ce matin on n'a distribué ni pain ni sel, et à
huit heures nous avons reçu l'ordre
d'envoyer 150 chevaux à l'abattoir pour
le régiment seulement ! J'ai cru que nos
cavaliers allaient se révolter ! Tu ne
peux te figurer combien on s'attache en
campagne à ces braves bêtes. Depuis
quelques jours. nous ne recevions plus
pour les nourrir que quelques grains
d'avoine ; mais nos hommes décou-
chaient toutes les nuits pour aller jusque
dans les lignes prussiennes, chercher
des feuilles de vigne ou quelques brins
de luzerne ! Ce matin, personne ne voulait donner son cheval. On a pris les
plus mauvais, malgré les réclamations
des propriétaires qui les prétendaient

doués de toutes les qualités imaginables,
et qui pleuraient en les abandonnant !

C'est le commencement ! La cavalerie
d'abord, puis l'artillerie ! Comment traverserons-nous ensuite ces redoutes que
les Prussiens construisent chaque jour ?
Partons donc pendant qu'il est encore
temps, sans cela nous mourrons tous
ici, enterrés sous Metz, et les 300,000
hommes que nous occupons, passeront
sur nos corps pour aller ravager la
France !

. . . .

Un ballon est parti hier, de Metz. On
avait annoncé son départ depuis quelques
jours, et donné la dimension des dépêches que l'on pouvait lui confier. Tu
peux te figurer quel volumineux courrier avait été préparé ! Beaucoup d'ap-
pelés, mais peu d'élus.

J'étais un des élus, et j'espérais, ma
bonne mère, en ce moyen bien aléa-
toire, pour te donner de mes nouvelles.
J'ai reçu la réponse ce matin même !
Le ballon s'est magnifiquement élevé

dans les airs, et est allé tomber... chez
les Prussiens qui nous ont ironique-
ment renvoyé nos messages avec leurs
compliments de condoléance. Oh ! les
gredins, si nous les tenons jamais !

Nous sommes mouillés, et puis mouillés et encore mouillés ! Les forts crient
toute la journée à qui mieux mieux ;
quels résultats obtiennent-ils ? nous
n'en savons rien. Quant à nous, nous
nous promenons et nous cherchons à
manger. C'est un réel travail ! car il n'y
a presque plus rien.

J'ai essayé pendant quelques jours de
rédiger un journal de nos faits et gestes ;
mais nos graves opérations se bornant
à échanger un morceau de filet de cheval contre une tranche de porc et à découvrir un quart de sel, ou un morceau
de sucre, cela devenait monotone ; notre
vie est si triste, notre espoir si faible,
que nous voudrions même ne pas ré-
fléchir, et d'ailleurs, je sais que tu
penses à moi quand même. Je t'écris
cependant aujourd'hui ; voici pourquoi.

5

Je suis venu rendre compte au colonel
d'une expédition qui aurait pu mal tourner pour nous. Le rapport doit être fait
au général, et je profite du papier que
l'on me confie pour te raconter ma journée dans ces quelques lignes qui parti-
ront..... avec les autres s'il plaît à Dieu !

Et d'abord est-il vrai que nous soyons
en république ? On le dit ici, mais fran-
chement on n'y croit guère. Il faut
avouer en tous cas, que vous choisissez
bien votre moment pour faire une petite
révolution ? Dans quels heureux cer-
veaux a bien pu germer cette jolie *to-
quade* républicaine alors que les Prussiens détruisent nos armées, saccagent
nos campagnes et brûlent nos villes ?

En république ? Laquelle ? celle des
terroristes de 93, des grotesques de Fé-
vrier ou des assassins de juin 1848 ? Je
ne puis m'empêcher de rire, en me rap-
pelant le pompeux défilé de la république
de 48 devant ce manche à balais planté
sous nos fenêtres rue Soufflot, figurant
un arbre de la liberté ! Te rappelles-tu

cet infortuné Raspail élevé sur le pavois par ses fidèles, malgré ses cris. Et quel pavois !... une vieille *chaise percée*, volée chez un brocanteur de la rue des Grès. Le *centre de gravité* du citoyen défonçait le bois vermoulu et le malheureux s'enfonçait, s'enfonçait toujours, tandis que la foule prenant ses gestes de désespoir pour des preuves d'enthousiasme, applaudissait à tout rompre et hurlait la *Marseillaise* !

Comme nous avons ri sur ce balcon où, je voudrais bien encore être à côté de toi, mais comme nous pleurions quatre mois plus tard, lorsque les insurgés réfugiés dans le Panthéon, mitraillaient nos soldats sur la place ! Te souviens-tu de ces huit jours pendant lesquels, dans notre maison convertie en ambulance, vous alliez, toi et bien d'autres, porter aliments, remèdes et consolations à ces gredins qu'on ne voit sortir de leurs bouges qu'aux jours de honte et d'horreur, et qui vous accueillaient l'insulte à la bouche.

J'ai vu bien des tragédies sanglantes
depuis que je suis au service, mais jamais aucune ne m'a si tristement im-
pressionné que celle qui s'est déroulée
à mes yeux d'enfant quand on nous a
fait entrer dans le Panthéon, pendant
que les insurgés envahissaient notre
vieux collége Henri IV. Les soldats ac-
crochés aux colonnes atrocement mutilés ; les uns pendus la tête en bas, les
autres les oreilles et les doigts coupés :
puis quelques jours après les cadavres
de ce malheureux général de Bréa et de
son aide de camp apportés sous cette
même voûte, brûlés à bout portant par
le pistolet d'un lâche ! Voilà la seule
république que l'on connaisse en France :
triviale ou hideusement sanglante !
Est-ce là l'unique effort que la patrie
touchée au cœur compte faire pour sa
défense ? Alors nous sommes perdus !
Qu'importent donc tous ces noms de
rois, de république ou d'empereur quand
l'étranger foule notre sol ! Aux armes
des Pyrénées au nord, de l'Océan aux

Alpes, aux armes ! et Dieu sauvera la France !

. . . .

Oui, mais en attendant notre délivrance, je suis submergé. La tente de mon colonel laisse filtrer la pluie absolument comme la mienne. Ce n'est pas la peine d'être un grand chef pour être aussi mal logé qu'un infortuné lieutenant. La pluie me rappelle à la triste réalité et je reviens à mon histoire.

Avant-hier, 22 septembre, une de nos divisions en première ligne a reçu l'ordre de faire une sortie. L'objectif était un village nommé Lauvallier qui se trouve sous le feu des forts, mais dans lequel les Prussiens venaient chaque jour. Ce village, croyait-on, renfermait quelques ressources ; on n'y a trouvé qu'un bataillon de Bavarois qui s'est empressé de *détaler* après un engagement de dix minutes.

Nous y avons laissé pour notre compte trois ou quatre morts et une trentaine de blessés. Ce n'est pas beaucoup, mais

c'est déjà trop pour la magnifique.....
veste alimentaire que nous avons rap-
portée. Hier, même résultat à Vany et à
Chieulles deux positions que nous avons
abandonnées le 31, où nous devions
d'après les *racontars*, trouver des
granges bien remplies. Les *marche à
pieds* (fantassins) ont battu tout le village,
ont démoli une trentaine de Tedescos,
mais sont revenus sans rapporter une
gerbe de blé.

Ce matin c'était le tour de la cavalerie, et à notre grande joie, la corvée est
tombée sur l'escadron.

Le capitaine a été prié de réunir ce
qu'il avait de chevaux pouvant se tenir
sur leurs jambes, pour aller fouiller la
rive droite de la Moselle en avant du
chemin de fer. Nous avons pu mettre
sur pieds 50 chevaux, si l'on ose appe-
ler chevaux, les étiques haridelles qui
peuvent à peine nous porter. Le reste
de l'escadron, baïonnette au flanc et
chassepot sur l'épaule (car nous sommes
armés en fantassins), formait un déta-

chement à pied dont on m'avait donné le commandement.

Au bout d'une demi-heure, malgré le poids de nos grandes bottes qui nous faisaient enfoncer jusqu'à la cheville dans les terres détrempées, nous avions perdu de vue nos malheureux cavaliers, dont les montures bronchaient à chaque pas et tombaient épuisées par la faim et la souffrance, quelques-unes pour ne plus se relever.

Nous marchions depuis trois quarts d'heure et nous arrivions aux derniers avant-postes ; j'allais faire arrêter ma troupe pour attendre les autres, lorsqu'un de mes hommes me dit : « Si vous vou-
« liez, mon lieutenant, je sais bien où
« trouver quelque chose. Je suis venu
« par ici avant-hier pendant la nuit.
« Les vedettes n'ont pas voulu me lais-
« ser aller plus loin, mais j'ai traversé
« la rivière à la nage et j'ai tout de
« même rapporté une bonne musette de
« pommes de terre à *la tribu*. Avec vous
« on nous laisserait peut-être passer et

« nous ferions un fameux *fourbi*. » Et
du doigt il me montrait de l'autre côté
de la Moselle, un château ou plutôt les
restes d'un château dont quelques pans
de murs noircis et lézardés restaient
seuls debout. Les obus prussiens ou les
nôtres avaient passé par là ! Je pris ma
carte et j'y vis que le château en question, indiqué sous le nom de la *Maison-
Rouge*, était à peine à un kilomètre en
avant de la ligne de fer qui nous avait
été assignée comme dernière limite.

« Bah ! me dis-je, quelques pas de
« plus ou de moins, si cela peut valoir
« quelques vivres à mes soldats et à
« moi par dessus le marché, cela vaut
« bien la peine de recevoir un *coup de
« bec* ! » Je regardai mes cavaliers et
je lus sur leur physionomie un si vif dé-
sir de tenter l'aventure que je me déci-
dai. — « Soit, allons-y, dis-je. En avant
« sur les pommes de terre ! Mais com-
« ment traverserons-nous ? » — « Ayez
« pas peur, mon lieutenant, on connaît
« le truc, si les *bibis* (fantassins) de

« garde veulent nous laisser faire, je me
« charge du reste. » Je me fis reconnaître à la sentinelle à qui je donnai le
mot d'ordre, et cinq minutes après
j'étais embarqué avec mes vingt hommes
sur un bac que mon vieux *lascar* avait
détaché de la rive et qu'aidé par deux
de ses camarades il s'était chargé de di-
riger. A peine sommes-nous au milieu
de la Moselle, que sept ou huit coup de
feu partent de la rive opposée ! Un de
nos conducteurs lâche la gaule avec laquelle il nous poussait, tombe à la ren-
verse dans le fleuve, et le bac abandonné
à lui-même, s'en va à la dérive, nous
entraînant du côté de l'ennemi.

. . . .

Le courant nous poussant malgré
nous vers la rive opposée, nous restions
exposés sans défense au tir des Prussiens ; mais nous n'aurions fait que pro-
longer notre périlleuse situation en
cherchant à rebrousser chemin. Mes
hommes s'étaient jetés immédiatement
à plat ventre et avaient tiré au hasard

quelques coups de fusil. J'attendais à
chaque instant une seconde décharge, et
je me reprochais amèrement l'impru-
dence qui m'avait fait hasarder ainsi la
vie de mes soldats. Heureusement, rien
ne répondit à notre feu, et après quelques
minutes qui me semblèrent plus longues
que des heures, le bac accostait enfin la
rive. Le danger n'était pas moins grand,
mais cette fois nous pouvions au moins
nous défendre : j'escaladai immédiatement le talus fort escarpé en cet endroit,
en défendant à mes hommes de me
suivre ; malgré cela presque tous, le
doigt sur la détente de leurs fusils, arrivaient en haut aussitôt que moi. Aucun ennemi en vue. En face de nous se
dressaient les murs noircis que l'incendie avait laissés debout, et dont le
vent jetait à chaque instant quelques
débris à terre. A 300 mètres environ sur
notre droite, se trouvait un bois qui
m'était particulièrement désagréable.
C'était là qu'avaient dû se réfugier
les Allemands, je doutais cependant que

ceux-ci fussent nombreux, car nous étions sous le feu des forts, et un parti considérable n'aurait pu, sans être signalé, s'avancer aussi loin. Quoi qu'il en soit, ne voulant pas recommencer ma malencontreuse navigation avant que la nuit ne vînt protéger un peu ma retraite, je fis un signe à mes hommes, et nous traversâmes en courant l'éclaircie qui nous séparait des ruines du château.

Lorsque je vis toute ma troupe derrière une de ces murailles en partie calcinées, je poussai un soupir de soulagement. Aventurer sa vie est peu de chose ; mais je ne connais rien de plus pénible que de se dire que l'on a par sa faute compromis inutilement la vie des braves gens qui vous sont confiés.

« Le pauvre Trubert a-t-il été tué sur le coup, dis-je à mon sous-officier ? »

« Mais Trubert est là, mon lieutenant, me répondit-il, la balle a frappé sa gaffe, et la secousse l'a jeté à l'eau ; il a pris un bain et ne s'en porte que mieux : des *durs à cuire* comme ça   es poissons n'en voudraient pas !..... N'est-ce pas, vieux, ajouta-t-il en se retournant vers ses hommes. »

Ah bien oui ! personne ne répondit. Mes pauvres affamés s'étaient dispersés et fouillaient les décombres et la plaine pour découvrir quelque victuaille. Je ne pouvais faire sonner le ralliement, craignant d'attirer l'attention sur nous : je fis donc contre fortune bon cœur et me mis moi-même à parcourir les ruines.

Quelle ravissante habitation ç'avait dû être ! De magnifiques sycomores au feuillage roussi par les flammes formaient une splendide avenue : des fleurs aux couleurs brillantes contrastaient avec les débris éventrés et noircis. De tous côtés des fontaines, des bassins, des statues de marbre broyés et mutilés par les obus ; une petite voiture d'enfant abandonnée au milieu d'une allée ; partout l'image de la vie brusquement interrompue. Triste, triste la guerre ! et pour les créatures de Dieu et pour les créations des hommes !

Quelques marches d'un escalier
rompu restaient encore debout, et malgré les briques et les moellons qui se
détachaient à chaque instant, la curio-
sité me poussant, je les gravis et m'aven-
turai, comme le sergent Marcasse à la
Roche-Mauprat, sur une vieille poutre à
demi-consumée.

J'étais arrivé à peu près à la moitié de
mon trajet aérien que le poids de mes
armes rendait assez pénible, lorsque
tout-à-coup des coups de feu et des cris
retentirent ; je voulus me retourner
brusquement et, perdant l'équilibre, je
roulai dans un monceau de débris,
meurtri et aveuglé par la poussière noi-
râtre soulevée dans ma chute : je ne fus
pas long cependant, je te le jure, à me
remettre sur pieds et je courus au-de-
hors. Quelques-uns de mes fourrageurs
étaient rentrés, et deux d'entre eux, ju-
chés sur les bras d'une grande croix de
fer, fouillaient du regard tous les coins
de la plaine.

« Qu'y a-t-il, m'écriai-je ! où sont vos
camarades ? »

« Nous sommes une quinzaine ici, me
dit quelqu'un ; les autres sont allés avec
le brigadier du côté du chemin de fer,
et c'est de là que les coups de feu sont
partis. »

« En route alors et vivement, dis-je ;
ils sont probablement tombés dans une
embuscade. »

Nous n'avions pas fait cinquante pas,
que deux de nos hommes qui couraient
devant nous, s'arrêtent brusquement
et mettent en joue en criant : « Qui
vive ? »

« France ! Amis, amis ! répondit-on,
et bonne prise ! Mettez le couvert, la
soupe est trempée. » En même temps
nous vîmes paraître sur le remblais de
la ligne un groupe d'hommes au milieu
desquels on distinguait une énorme
paysanne en jupons courts et en cornette. Quelques-uns d'entr'eux portaient
avec précaution un fardeau qui parais-
sait assez lourd. Je crus qu'ils me ra-
menaient un de leurs camarades blessé,
et je courus à eux : « D'où venez-vous,
et qui m'avez-vous encore fait tuer pour

vos infernales pommes de terre, m'écriai-
je furieux ? »

« Pardon, excuse, lieutenant, c'est la
galanterie pour le beau sexe qui a re-
tardé les camarades, et tant tué que
blessé, il n'y a personne de mort. »

Je me retournai vers mon interlocu-
teur et je ne pus m'empêcher de rire à
la vue de la singulière physionomie
que j'avais devant les yeux. Figure-toi
sous une cornette plus haute que mon
sabre, une figure hâlée coupée en deux
par une immense paire de moustaches
grises, et portée sur un corps recouvert
d'un petit fichu de femme et d'un jupon
arrivant à peine aux genoux, le tout
soutenu par des pieds chaussés de la
guêtre des zouaves.

« M'expliquera-t-on cette mascarade,
dis-je en ayant peine à reprendre mon
sérieux ? »

« On va vous narrer la chose en sou-
pant si vous voulez nous faire *celui* de
prendre votre part d'un ragoût accom-
modé par un cordon bleu prussien. Seu-

lement, sans vous commander lieutenant, allons nous mettre à l'abri, car les
farceurs pourraient être tentés de nous
envoyer quelques pruneaux, histoire de
fournir le dessert. »

La précaution était bonne, nous nous
remîmes en route, et je vis alors que ce
que j'avais pris pour un blessé était une
énorme chaudière de campagne pleine
à déborder ; mes fous en fouillant la
plaine étaient tombés sur un avant-poste
ennemi qui faisait tranquillement sa
cuisine, et après un engagement de
quelques secondes, les Prussiens avaient
lâché pied et abandonné leur soupe ;
mes hommes avaient alors triomphale-
ment rapporté leur marmite, et malgré
la décharge dont les avaient salué leurs
ennemis furieux de voir disparaître
leur souper, ils étaient revenus jusqu'à
moi sans répandre une goutte de bouillon.

Quelques minutes après nous étions
tous réunis autour de ce souper inat-
tendu. Des pommes de terre rôtissaient
sous un feu alimenté avec les débris

d'une splendide armoire en acajou, et les derniers rayons du jour, luttant avec la lueur rougeâtre de notre foyer, éclairaient d'une lueur étrange les ruines qui nous servaient d'asile.

Mon zouave s'était réservé les fonctions de grand ordonnateur du festin. Il épousseta soigneusement avec son mouchoir une pierre qu'il me destinait comme place d'honneur, puis relevant sa jupe, il prit dans la poche de son pantalon une cuillère qu'il me tendit après l'avoir gravement essuyée avec son pouce. « Mangez, mangez, lieutenant, me dit-il, en voyant que je refusais, moi j'ai dîné tantôt avec ces gredins-là, et sans vos cavaliers, je serais encore bien à contre-cœur leur convive. »

« Soit, répondis-je, mangeons et mangeons vite, car il va falloir profiter de la nuit pour traverser la Moselle ; et toi pendant ce temps-là, raconte nous vivement ton histoire !

. . . .

. . . .

. . . .

Je suis horriblement inquiet de toi!
On dit que les Prussiens sont sous Paris où règne l'anarchie la plus effroyable ! Les nouvelles alarmantes
seules circulent à chaque instant : on
dirait que l'on prend à tâche de nous
démoraliser ! S'il faut en croire les
bruits qui courent, Lyon, Marseille,
Bordeaux ont arboré le drapeau rouge :
Lille, le Hâvre et Rouen demandent
des garnisons prussiennes pour se mettre
à l'abri du pillage. On a plus peur de
l'ennemi du dedans que de l'ennemi du
dehors ! La lutte va-t-elle donc se termi-
ner ainsi, lâchement pour la France,
plus lâchement encore pour nous ?

Nous sommes ici encore au moins
70,000 hommes en état de porter les
armes ; pas une pierre, non pas même
de l'enceinte de Metz, mais des forts,
n'a été égratignée par une balle, et nous
capitulerions ! Allons donc, c'est impossible ! Cependant que faisons-nous ?
Rien ou presque rien ! Quelques rares
sorties sans but, sans résultat. On se

bat bien, parce que c'est dans le sang,
parce que la poudre parle, parce que,
surtout, nous sommes las de notre misère, et que périr pour périr, mieux
vaut tomber sous les balles prussiennes
que de mourir de faim ! Mais on n'a
plus d'entrain, plus de confiance !
Quelques jours encore, et l'on n'aura
plus de forces.

Que doit-on penser là-bas ? A qui
fera-t-on croire qu'une armée de 100,000
hommes, composée de troupes d'élite,
appuyée sur une place forte inexpu-
gnable, n'ait pu depuis deux mois bien-
tôt, prendre l'offensive et trouer l'ennemi ? Et pourtant c'est vrai ! nous ne
pouvons plus rien, rien que des actes
d'héroïsme et de désespoir qui ne nous
procurent même pas un morceau de
pain. Avant-hier, à Mercy-le-Haut, la
division Clinchant a écrasé trois régiments prussiens qu'elle a littéralement
fait rôtir dans les flammes du château.
Qu'avons-nous rapporté de cette expédition ? Une cinquantaine de morts et

quatre cents blessés ! Hier, à Peltre,
même résultat à peu près ; pour tout ra-
vitaillement, nous avons ramené un
wagon de cigares prussiens qui ne
valent pas mieux que leurs fabricants
et qui nous ont encore coûté une centaine d'hommes ! C'est trop cher !

Metz est lugubre, les environs sont
hideux. Le matin, de huit heures à
midi, les portes ne s'ouvrent que pour
une longue file de cacolets apportant des
malades boueux, sordides, au teint
plombé, assis sur des mulets étiques
qui ne peuvent eux-mêmes se tenir, et
roulent souvent avec leur charge dans
les fossés des fortifications ! Entrez
dans les bivouacs : partout des canons
sans affûts, des voitures sans roues, des
cadavres de chevaux morts de faim et à
moitié dépecés : Plus un brin d'herbe,
plus un arbre, rien que de la pluie, de
la boue et du sang ; c'est horrible ! Ah !
si on voulait cependant !

Le colonel a imaginé de passer en re-
vue nos cavaliers qui croupissent dans

la boue, et qui depuis deux jours re-
coivent du bois de réglisse pour toute
distribution. J'ai fait aligner mes
hommes, et j'ai crié parce qu'ils étaient
sales ! J'étais persuadé qu'ils allaient
me rire au nez ! Pas un mot, pas un
murmure ! un seul m'a répondu à
demi-voix : « Si on veut que nous soyons
propres, qu'on nous mène chercher du
cirage chez les Prussiens. » Pauvres
braves gens ! Ce n'est pas possible ! on
nous perd de gaieté de cœur, ou bien
l'on nous vend !

Les histoires les plus étonnantes
courent les tentes. Bourbaki a disparu.
On nous a dit à nous qu'il était envoyé
en mission ; mais les soldats ont préféré
bâtir un roman sur sa disparition. Selon
eux, Bourbaki avec *son chic exquis*, a été
dire à Bazaine que « *ça* ne pouvait pas
durer comme cela »; Bazaine a répondu
que si. Bourbaki lui a flanqué une ca-
lotte : ils se sont battus, et Bazaine a
fait enterrer Bourbaki dans son jardin !

Je te cite cette absurdité entre mille

car elle est caractéristique ; jamais on n'est si bien jugé que par les soldats, et Bazaine n'est pas estimé des siens !

. . . .

Je retrouve aujourd'hui quelques feuillets que j'avais noircis en pensant à toi, et dans lesquels je te racontais mon dîner de la Maison-Rouge ? J'étais encore gai alors ! nous espérions ! Mon zouave se déguisant en femme pour aller aussi loin que possible chercher à manger, pris par des officiers prussiens en quête d'aventure, ramené auprès des feux de bivouac ennemis, se sauvant après avoir assommé la sentinelle, repris aux avant-postes et finalement délivré par mes hommes, nous avait raconté son odyssée avec tant de brio et un tel luxe de détails, que nous riions aux larmes. J'essayais à la lueur mourante de notre foyer de dessiner sa tête, lorsqu'au beau milieu de sa narration et de mon dessin, le canon a retenti du côté de Scy avec tant de violence, que nous nous sommes précipités vers notre bac et moitié dessus, moitié dans l'eau,

nous sommes rentrés au camp où tout
le monde était sur pied. Ce n'était rien :
rien qu'un gros village que les Allemands bombardaient. J'y suis monté ce
matin, et j'en suis revenu l'âme navrée.
Les blessures des pierres sont peut-être
aussi saisissantes que les blessures des
hommes. Les maisons étaient aux trois
quarts effondrées, les tombes du cime-
tière labourées par les boulets, le por-
tail de l'église crevé, et du milieu de ces
débris s'élevait la voix d'un prêtre à
cheveux blancs qui disait la messe devant un autel à moitié broyé, entouré
par une dizaine de femmes en pleurs,
et par quelques soldats aux uniformes
en lambeaux, aux visages jaunes et
amaigris. Les larmes me sont montées
aux yeux, et je suis tombé à genoux
dans la poussière de ces ruines, priant
pour toi qui peut-être en ce moment
t'agenouilles aussi dans une église de
notre pauvre Paris assiégé, priant pour
la France que Dieu semble avoir abandonnée et maudite !

. . . .

Discussions stériles! On négocie alors qu'on devrait, qu'on pourrait agir ! Négocier pour qui? pourquoi? Les Prussiens nous tiennent. Ils savent, à une ration près, ce qui peut nous rester de vivres. Ils seraient bien bons vraiment de traiter!

On nous parle de négociations au nom de la République naissante, au nom de l'impératrice régente ! Et que nous font à nous empereur, régente, roi ou république ! Il y a ici un général investi de la confiance de la nation française ; il y a une armée qui, presque épuisée par la faim et la maladie, ne demande qu'à marcher ; si le chef capitule sans avoir brûlé sa dernière cartouche, sans avoir fait manger à ses soldats leur dernière tige de bottes, il n'aura pas fait son devoir, et je ne voudrais pas changer ma misérable épaulette contre toutes ses étoiles !

Tantôt nous devons sortir d'ici, l'arme sur l'épaule droite, tambours battant, drapeaux flottant ; tantôt nous devons nous retirer en Algérie ; tantôt nous devons nous concentrer derrière la Loire. Les bruits les plus étranges et les plus contradictoires circulent. On veut évidemment nous ¡habituer à cette idée épouvantable de capitulation ! Puis il y a la contre-partie ! les vers se mettent déjà au cadavre de l'armée. Des nuées de journaux imprimés sur papier jaune, vert ou rouge, papier à sucre ou papier à chandelle, viennent répandre l'abattement et la démoralisation parmi nos soldats. Quelques-uns paraissent avec des blancs : ce sont des articles entiers supprimés par ordre de la place ou du commandement général. C'est la seule preuve d'énergie que donnent nos chefs. Eh ! laissez donc à leurs encriers ces journalistes bavards, ces écrivassiers insolents, et marchez, marchez, avant que la pauvre armée n'ait rendu le dernier soupir.

Le général Coffinières de Nordeck et le maréchal Bazaine sont *à couteaux tirés*. Chacun d'eux jette la responsabilité sur

6

l'autre, et leurs discussions ne font qu'accroître nos misères. Metz, nous refuse ses derniers grains de blé et ses moulins ; nous ne lui donnons plus de viande de cheval. Comme le moment est bien choisi pour des querelles semblables ! les Messins tiendront jusqu'au bout. L'armée ne demande qu'à partir ; partons donc, pour ne pas épuiser le peu de vivres qui leur restent !

Le 7 une grande attaque a eu lieu dans la plaine de la Moselle autour des villages de Saint-Rémy et de Bellevue. Comme toujours nos troupes à jeûn, sans canons, presque sans munitions, ont attaqué sous une pluie d'obus les premières positions ennemies et les ont vaillamment enlevées. Comme toujours aussi après avoir perdu une dizaine d'officiers et une centaine d'hommes, elles ont reçu l'ordre de la retraite et sont revenues, la division Deligny en arrière-garde rapportant plus de 1,000 blessés et ramenant 600 hommes pris à l'ennemi. Belle prise en vérité. Après

avoir promené ces prisonniers dans nos
bivouacs désolés, nous avons été obligés de les faire reconduire aux avant-
postes et de les rendre sans échange ;
nous n'avions pas de quoi les nourrir !
C'étaient des soldats de la landwehr.
Quand on les a amenés au quartier-général, nos soldats qui s'étaient groupés
sur leur passage, criaient en les voyant :
« *Çà ! c'est les vieux ! c'est les pères de*
ceux que nous avons tués à Gravelotte ;
preuve qu'ils sont comme nous, qu'ils n'en
peuvent plus et qu'ils n'ont plus d'hommes ! »
Et l'on dira peut-être un jour que ces
troupes-là ont désespéré et ont refusé de
marcher. Je suis convaincu, que si demain le maréchal, qui n'a pas daigné
nous donner un mot d'encouragement
depuis deux mois, qui n'a pas visité
une ambulance, qui reste enfermé
comme un ours dans sa tanière au Ban-
Saint-Martin, si demain Bazaine écrivait ces deux lignes : « Soldats ! nous
sommes ici 50,000. Nous laisserons
20,000 hommes sur le carreau mais nous

passerons. » Je suis convaincu qu'un cri d'enthousiasme sortirait de toutes ces poitrines que la faim épuise chaque jour !

Non ! il négocie ! et Bismark n'a qu'à laisser traîner les négociations en longueur, il n'aura qu'à ouvrir la main pour nous prendre et nous envoyer rejoindre nos pauvres camarades de Sedan, pris eux au moins sur un champ de bataille, et que nous avons osé accuser de faiblesse !

Vois-tu, mère, j'ai toujours été, tu le sais, un soldat discipliné, je brûlerais demain la cervelle au premier de mes cavaliers qui oserait dire tout haut, ce que je t'écris ici à toi pour me dégonfler le cœur. Mais si l'armée du Rhin capitule, et si Bazaine survit à cette honte, c'est que tout ce que l'on a dit de lui au Mexique est vrai, c'est qu'il n'a pas de cœur !

Aujourd'hui encore le vieux Canrobert a traversé le cloaque dans lequel nous campons pour aller chez le maréchal. Il y avait conseil de guerre. On appelle cela des conseils de guerre ! Quand il en est ressorti deux heures après, ses yeux étaient rouges, et en longeant la grande avenue de tilleuls, qui formait l'entrée du château, et qui n'est plus hélas qu'un hideux charnier où quelques chevaux étiques, flageolant sur leurs jambes, regardent tristement leurs camarades morts à côté d'eux le pied encore pris dans l'entrave, le pauvre vieux soldat d'Afrique et de Crimée s'est mis à sangloter. J'avais le cœur navré ! mais après tout, c'est sa faute, c'est leur faute à tous !

Pourquoi les Canrobert, les Ladmirault, les Clinchant et tant d'autres adorés de leurs troupes, pourquoi Lebœuf qui avait à se faire pardonner son ineptie ministérielle, mais à qui on ne peut refuser la bravoure ; pourquoi tous ceux-là n'ont-ils pas forcé Bazaine à marcher ? Ah, si Bourbaki était resté avec nous ! Est-ce donc à dessein qu'on l'a éloigné ? Ou bien le soldat légendaire

de la Kabylie et des Flittas, nous a-t-il
volontairement abandonnés ? On en arrive à douter de tout en face d'une hu-
miliation pareille !

Quant à moi je ne vaux plus rien, je
ne suis plus bon à rien parce que je ne
crois plus à rien. Si je n'avais pas pensé
à toi et à ta douleur je me serais fait tuer
à l'attaque de Ladonchamp. Car nous
n'avons même pas la ressource de chercher à nous sauver isolément, nous ne
pouvons pas déserter! Que faire ? . . .

. . . .

Je viens d'être commandé pour faire
rentrer à l'arsenal une batterie de 4.
J'ai mis huit chevaux à chaque pièce et
mes chevaux se sont abattus, sans réus-
sir à en faire démarrer une de la boue
grasse et épaisse dans laquelle elles
sont enfouies ! Qu'on les laisse donc où
elles sont ! Nous ne pourrons plus jamais nous en servir ! Les forts tirent
toujours, je crois que les officiers d'artillerie cherchent seulement à se dis-
traire avec du bruit Les Prussiens se-

raient bien bêtes d'exposer un seul homme, de tenter une seule attaque, ils nous auront bien sans cela.

. . . .

Nous sommes à la fin, j'en ai bien peur, et de nos misères et de notre honneur militaire ! La tragédie va se transformer en honteuse comédie. *Qui trompe-t-on ici ?* J'ai peine à croire que ce soit M. de Bismark, mais à coup sûr, c'est la France ! Ainsi, nous aurons livré, pour notre compte seulement, quatre épouvantables batailles, sans parler de nos sorties ; nous aurons perdu vingt mille hommes, ruiné notre cavalerie, démonté toute notre artillerie, souffert de la faim, laissé mourir presque sans secours nos blessés et nos malades, pour en arriver à nous mettre honteusement à la merci des Prussiens ! Metz l'*imprenable* sera prise sans qu'il manque une pierre à ses forts ou à ses remparts ! Ah ! les Allemands auront le droit d'être fiers ; la capitulation d'Ulm sera plus qu'effacée par la nôtre. Pauvres

Messins ! qui tiriez vanité de votre na-
tionalité française, vous allez devenir
les fidèles du roi de Prusse, et l'éten-
dard aux trois couleurs, qui flotte fière-
ment sur la haute flèche de votre ca-
thédrale, sera remplacé par le drapeau
noir et blanc que l'empereur, pas le
nôtre, le grand, a fait fouler tant de fois
sous les pieds de ses soldats. Ce ne sera
pas votre faute, hélas ! mais bien la
nôtre, car notre présence vous aura
perdus ! Les avertissements n'ont pas
manqué, cependant, au chef de l'armée
du Rhin. On me parlait hier encore
d'un manifeste patriotique signé de huit
cents noms qui lui a été adressé par les
habitants, dans les derniers jours de
septembre. « Nous croyons, y disait-
« on, que l'armée rassemblée sous nos
« murs est capable des plus grandes
« choses, mais nous croyons aussi qu'il
« est temps qu'elle les fasse. Chaque
« jour qui s'écoule amènera pour elle et
« pour nous des difficultés nouvelles...
« Nous croyons qu'il est temps d'agir,

« parce que l'insuccès lui-même vaut
« mieux que l'inaction, parce que tous
« les moments sont comptés, parce que,
« sans pouvoir discuter ni même indi-
« quer des opérations militaires, le
« simple bon sens nous montre claire-
« ment que des entreprises énergique-
« ment et rapidement conduites avec
« l'ensemble de forces dont on dispose
« peuvent amener des résultats consi-
« dérables, peut-être même décisifs.
« Laisserons-nous venir le jour où, après
« avoir fermé les yeux, il faudra recon-
« naître que les retards nous ont été
« funestes et ont eu des conséquences
« irréparables ? Certes toute tentative
« est périlleuse ; mais avec le temps le
« péril sera-t-il moindre ? »

Le jour est venu, et le maréchal peut
voir où nous ont conduit sa faiblesse et
sa *finauderie*. Est-ce pour éviter le déso-
lant spectacle que présente cette armée
si brillante naguère aux feux de Rezonville et de Borny qu'il reste enfermé
dans sa retraite ? Il fait bien alors ; car

la vue d'un, seul de nos bivouacs lui
donnerait l'envie d'essayer sur lui-
même, si les cartouches de ses pistolets
sont bonnes ! Qu'il aille lire l'inscription
placée sur la statue qui décore la place
de l'hôtel-de-ville et il y pourra épeler
son devoir. « Si pour empêcher, disait
l'héroïque soldat qu'elle représente,
qu'une place à moi confiée par le roi ne
tombât au pouvoir de l'ennemi, il fallait
exposer à la brèche ma personne, ma
famille et tout mon bien, je ne balance-
rais pas à le faire ! »

Tout cela est trop beau et trop grand
pour notre chef, trop beau et trop grand
aussi pour nous. Il est passé le temps
des La Tour d'Auvergne, des d'Assas,
des Jean-Bart, des matelots du Ven-
geur ! nous sommes rapetissés et rac-
cornis ; et nous allons sombrer, non
plus dans le sang cette fois, mais dans
la honte.

Triste ! triste ! Mais à quoi servent
les regrets ! Les Messins ont mis des
crêpes à la statue de Fabert. C'est le

plus sanglant reproche qu'ils puissent nous adresser. Ils ont raison ! celui-là au moins portera devant les baïonnettes prussiennes le deuil de l'honneur français.

. . . .

17 octobre.

Le dernier mot n'est pas dit, cependant. Le feu des forts qui avait cessé depuis quatre jours reprend de plus belle. Trois divisions ont été portées en avant ce matin. Nous venons nous-mêmes de recevoir l'ordre de lever le camp. Ce ne sera pas difficile ; tous nos effets peuvent bien rester dans les cinquante centimètres de vase où ils pourrissent depuis huit semaines. Les aiguilles des chassepots sont intactes, et les cartouches sont sèches, nous avons reçu 300 grammes de plus. Tout va bien ! Pauvre chère mère, si ce pouvait être le premier pas qui me rapproche de toi.

Ce sera rude par exemple, mais bah !
on s'en tirera !

« *Qui vivra sera libre et qui meurt l'est
déjà !* »

Toute notre gaieté est revenue. La
prison au grand air ! pouah ! je crois
que l'on y est aussi malheureux qu'enfermé ; je suis redevenu insupportable
et grincheux, et j'ai scrupuleusement
examiné les souliers de mes hommes.
Comment vont-ils marcher avec cela,
mes pauvres cavaliers habitués aux
quatre jambes de leurs chevaux ? Ils
chantent tout de même et rient sous
cape en me regardant. Je crois qu'ils se
disent qu'ils iront plus longtemps que
moi ; ils se trompent, j'irais au bout du
monde à pied plutôt que de rester ici ;
j'ai fait un petit paquet de toutes les fo-
lies que je t'ai écrites depuis que je suis
prisonnier de ces Tartares à casque
pointu. Je t'enverrai tout cela dès que
nous aurons à coup de baïonnettes forcé
les portes vivantes qui nous séparent
de notre France.

. . . .

18 octobre.

Rien, rien encore ! Avons-nous trop tôt chanté victoire ? On dit que le général Boyer, l'âme damnée de Bazaine, est revenu cette nuit. J'aurais mieux aimé voir revenir Bourbaki. Les forts qui tonnaient depuis hier matin , se taisent de nouveau : leur silence est lugubre. Du côté de Ladonchamp il y a suspension d'armes, et plusieurs officiers Bavarois ont, paraît-il, consenti à prendre les lettres de nos camarades des avant-postes ; je veux tenter encore ce moyen. Pauvre mère, je donnerais dix ans de ma vie pour avoir dix lignes de toi, ou pour te faire parvenir de mes nouvelles, car à en juger par mon inquiétude je frémis en pensant à l'angoisse dans laquelle tu dois vivre. Il me semble que je ne t'ai pas assez embrassée en partant, j'ai peur de ne jamais te revoir. Plus encore que les souffrances physiques, les douleurs

7

morales, les longs jours d'attente, les
espoirs déçus nous ont brisés. Le dé-
couragement nous prend tous plus ou
moins. Que Dieu nous garde !

. . . .

. . . .

CAPITULATION

—

. . . .

Ici s'arrêtaient les notes que je viens
de transcrire et auxquelles malgré leurs
imperfections de style et peut-être
quelques erreurs de date peu impor-
tantes au reste, je n'ai rien voulu changer. En montant aux avant-postes,
Georges R... recevait la blessure à laquelle il devait succomber quelques
heures plus tard, et la mort de sa mère
m'obligeant à garder ces lettres, j'ai
pensé qu'il serait utile de les publier,
car elles sont une narration fidèle bien
qu'anecdotique des opérations et des
souffrances de l'armée du Rhin.

Moins malheureux que nous, mon

pauvre camarade échappait à l'horrible angoisse des dernières heures, et pouvait mourir, croyant encore au salut de la France.

Quelques jours plus tard, on prononçait tout haut ce mot de CAPITULATION ! Les soldats groupés dans les bivouacs boueux autour de leurs officiers, demandaient « *s'il était vrai qu'on allait les rendre,* » et ces officiers les larmes dans les yeux et la rage dans le cœur, étaient obligés de demander à leur dévouement cette dernière preuve de discipline.

Il convenait sans doute à la politique du maréchal de propager les bruits inquiétants, puisque ceux-là seuls circulaient parmi nous. La France était perdue, disait-on ; personne ne s'était armé, et contraints par le manque de vivres de capituler, nous ne devions même pas être emmenés en Allemagne. La paix allait se faire ! On mentait déjà, comme on a menti pour nos armes, comme on a menti pour nos drapeaux.

Le jour fatal arriva ! 26 octobre !

Bazaine avait demandé aux chefs de
corps de tenir pendant cinq jours avec
une journée de vivres, et ceux-ci lui
avaient répondu qu'eux et leurs hommes
tiendraient sans rien. Mais personne
ne pouvait supposer qu'on nous deman-
dait *de tenir*, dans le seul but de nous
jeter sans conditions entre les mains
des Prussiens.

Le 26, nous recevions au château de
Frescaty, par l'entremise du général
Jarras, les ordres de Frédéric-Charles.
Le général Stiehle, chef d'état-major de
l'armée prussienne, exigeait au nom de
son maître qu'on lui rendît la ville, ses
cinq forts et les 650 pièces de canons
qui les armaient, qu'on lui livrât aussi
l'armée, ses bagages et ses aigles ! Par
condescendance pour leur bravoure, le
général en chef ennemi, permettait aux
officiers seulement de garder leurs
épées et Bazaine acceptait !

Nos drapeaux ! On ne nous les a pas
fait rendre, on nous les a volés ! Que l'on
en juge ! Voici une lettre écrite par le

maréchal, datée du 27 octobre et du grand quartier général au Ban-Saint-Martin.

« Monsieur le maréchal,

« Veuillez donner des ordres pour
« que les aigles des régiments d'infan-
« terie de votre corps d'armée soient re-
« cueillies demain matin de bonne
« heure par les soins de votre comman-
« dant d'artillerie, et transportées à
« l'arsenal de Metz, où la cavalerie a
« déjà déposé les siennes; vous pré-
« viendrez les chefs de corps qu'ELLES
« Y SERONT BRULÉES.

« Ces aigles, enveloppées de leurs
« étuis, seront emportées dans un four-
« gon fermé. Le directeur de l'arsenal
« les recevra et en délivrera des récé-
« pissés aux corps. »

« *Le maréchal commandant en chef.*

« Signé : BAZAINE. »

Brûlées ! Allons donc ! Quelques
jours plus tard, nos ennemis faisaient
ralentir le train qui nous emmenait en
Allemagne, devant le quartier-général
du prince Charles à Ars, pour nous
contraindre à contempler tous les drapeaux de l'armée du Rhin ombrageant
de leurs plis la tente du général prussien ! Ah ! les Allemands ont tort de
s'enorgueillir de ces trophées. Ils n'ont
pu les arracher de nos mains défail-
lantes. Le maréchal Bazaine les leur a
donnés !

Le 20 octobre tout était fini. La capitulation était signée et une proclama-
tion du commandant en chef, annonçait
aux troupes la fatale nouvelle. Les
armes devaient être réintégrées dans
les arsenaux de Metz, et le 30. les soldats, séparés de leurs officiers, devaient
être conduits au *Tournebride* pour y être
remis aux Prussiens. A cette nouvelle,
presque attendue cependant, une émeute
faillit éclater dans la ville, une révolte
dans les camps ; à Metz des coups de

*

feu éclataient dans les rues, le tocsin
sonnait. Les habitants avaient déserté
leurs demeures et se groupaient anxieux
sur les places et sur les glacis de l'enceinte. Dans les bivouacs, les soldats
brisaient leurs armes, et lâchaient les
quelques chevaux restés debout. Les
tentes des comptables et des commis
aux vivres étaient littéralement assié-
gées : Partout des cris et du bruit. On
eût dit comme l'écrivait dernièrement
un homme qui a peint fidèlement l'agonie de la cité messine, M. de Prost,
« qu'on essayât de vivre encore au moment où l'on allait mourir ! »

Quelques officiers allèrent trouver
deux généraux que je ne veux pas nom-
mer et les supplièrent de se mettre à
leur tête, avant qu'on eût engagé leur
parole, afin de traverser les lignes ennemies. « Non, messieurs, leur répondit-on ; nous n'avons pas le droit de faire
une démarche qui peut attirer un malheur de plus sur l'armée. Notre devoir
est ici. Dans la misère et même dans la

honte nous devons partager jusqu'à la
fin le sort de nos soldats. »

Le 29 les armes furent rendues. Malgré les ordres formels de Bazaine bien
des canons restèrent dans les vignes,
bien des armes furent brisées et jetées
dans la Moselle, ou dans la vase des
fossés. Un général d'artillerie de la
garde, dont cependant toute la famille
est allemande, faisait enclouer les
pièces de sa brigade. Pourquoi, hélas!
n'avons-nous pas tous agi de même ;
pourquoi avons-nous cru aux paroles du
maréchal qui assurait que, d'après les
traités, tout notre matériel devait être
restitué à la France !

Le 30, dès que le jour eût paru, toutes
nos troupes désarmées furent réunies
dans leurs bivouacs respectifs. La pluie
tombait à torrents. Les généraux pas-
sèrent une dernière fois devant le front
de leurs divisions, essayant au milieu
des sanglots qui leur coupaient la voix,
d'adresser une parole de remerciement
à ces vaillants et fidèles régiments, que

leur général en chef avait déjà honteusement abandonnés depuis la veille.

Un coup de canon, le dernier soupir
de la ville et de l'armée, retentit au haut
de Plappeville et donna le signal du départ. Les officiers saluèrent du sabre,
puis la longue colonne conduite par
quelques-uns d'entre nous se mit en
route !

Une journée pareille ne peut s'oublier
dût-on vivre un siècle ! Chacun de nos
pas, dans l'océan de boue qui nous ser-
vait de demeure depuis six semaines,
était une douleur : De même que le con-
damné à mort qui marche à l'échafaud,
chacun de ces pas en effet, nous rap-
prochait de notre supplice.

La plume est impuissante à peindre
l'aspect désolé des environs de Metz.
Dans ces campagnes dévastées, plus une
maison, plus un arbre ! partout des dé-
tritus de toutes sortes, des squelettes
de chevaux, des cadavres de mulets
morts entre les brancards de leurs voitures ou ayant encore sur le dos les

cantines de chirurgie. Puis de tous côtés, descendant des coteaux ou sortant
des vallées, ces troupeaux d'hommes
déguenillés, pâles, affaiblis, le dos
courbé sous les quelques haillons qu'ils
emportaient, soutenant avec des bâtons
leur marche chancelante !

Tout-à-coup un cri retentit : « les
Prussiens. » Un gigantesque tambour-
major des grenadiers de la garde qui
marchait en tête de la sinistre colonne,
jeta en l'air son bâton, aussi résolument
qu'aux plus beaux jours de parade. Au
« garde à vous » de leurs officiers, tous
les hommes reprirent leur rang, toutes
les têtes baissées se relevèrent, toutes
les épaules courbées s'effacèrent, et nous
passâmes dans un profond silence entre
les rangs des Allemands, massés des
deux côtés de la route, regardant bien
en face et les yeux dans les yeux ces
ennemis que l'on n'avait pas su ou que
l'on n'avait pas voulu nous faire vaincre !

Toutes les troupes défilèrent devant
le prince Frédéric-Charles. C'étaient

bien là des Fourches-Caudines, qui venaient injustement déshonorer une des
plus belles et des plus vaillantes armées
que la France eût jamais mis en ligne !
Les Prussiens le comprirent, car la co-
lère qui anima soudainement tous ces
yeux éteints, et la fière attitude de ces
malheureux qu'on venait leur rendre,
forcèrent leurs chefs à se découvrir
devant une infortune si noblement portée par tous.

A un signal donné, tout le monde
s'arrêta. Les soldats se groupèrent autour de leurs officiers en larmes pour
leur serrer une dernière fois la main :
« Au revoir, au revoir, à la revanche, »
disait-on de toutes parts. Puis tout fut
dit. Nos hommes partirent d'un côté et
nous rentrâmes dans cette pauvre ville
semblable à une vaste nécropole. pour y
attendre l'heure de notre propre départ.

Au revoir ! Combien hélas ! devaient
mourir sur la terre allemande ! Combien
aussi à peine revenus de captivité de-

vaient trouver la mort, devant Paris, sous des balles françaises !

Beaucoup ne partirent même pas en Allemagne. D'après une brochure de M. A. Mezières que j'ai sous les yeux et dont tous les détails sont d'une parfaite exactitude : « Dès la première nuit, « sur quelques milliers d'hommes qui « campaient à Ars-Laquenexy, près de « Metz, on releva 110 cadavres. Ce « n'était que le commencement du dé- « sastre, des milliers moururent en « chemin ; un prisonnier évadé en éva- « lue le nombre à 3,000 pour un seul « corps d'armée. »

Je raconterai un jour ces longues heures de nostalgie et de misère qui nous furent presqu'aussi fatales que nos jours de bataille ! Je parlerai de cette captivité inouïe que partagèrent pendant cinq mois 200,000 Français, de toutes les humiliations que nous eûmes à subir, et surtout des angoisses qui venaient nous étreindre à chacun des triomphes dont nous étions forcés

d'être les spectateurs, à chacune des
dépêches qui nous annonçaient un revers nouveau de notre pauvre patrie.
Je dirai tout cela, car bien que nos cri-
minelles dissensions intestines éloignent
chaque jour l'heure de la vengeance, il
faut que la haine reste vivace parmi
nous, il faut que la génération qui nous
suit soit élevée dans l'horreur du nom
Allemand !

Le maréchal Bazaine vient de voir
ses actes appréciés par la commission
d'enquête. Il est question, dit-on, de le
traduire devant un conseil de guerre ;
nous ne pouvons, nous ne devons en
rien préjuger des arrêts de la commission ou du conseil, mais nous avons le
droit de demander que tous les détails
de l'enquête soient livrés à la publicité.
Nous savons que l'opinion publique un
instant faussée pour les besoins de sa
cause par le dictateur Gambetta, a fait
depuis loyale justice des accusations
d'indiscipline et de faiblesse jetées à la
face de l'armée du Rhin par cet homme

qui voyait partout des traîtres, alors
que pour satisfaire son ambition effré-
née, lui seul trahissait les intérêts de
la patrie: Mais nous le répétons, il faut
que les causes de cet épouvantable malheur soient dévoilées.

Quant à nous, nous avons obéi, nous
avons combattu et nous avons souffert :
c'était notre devoir mais nous l'avons
rempli ! C'est pour cela que nous voulons que la lumière se fasse ! C'est le
droit de nos camarades qui dorment à
Borny et à Gravelotte, c'est notre droit
aussi à nous qui avons payé cette triste
campagne de notre captivité et de la
ruine de notre avenir ! C'est le droit
enfin de toute cette armée, officiers ou
soldats, qui autant et plus que les autres
a prodigué son dévouement, ses fatigues
et son sang pour l'honneur et le salut
de la France !

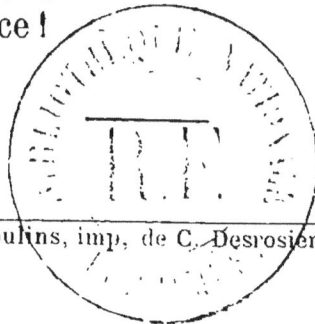

Moulins, imp, de C. Desrosiers.

www.ingramcontent.com/pod-product-compliance
Lightning Source LLC
Chambersburg PA
CBHW060156100426
42744CB00007B/1053